Wolfgang Hamm

Writing Letters

Impulse für einen kreativen Englischunterricht

R. Oldenbourg Verlag München

PRÖGEL PRAXIS 140

1. Auflage 1989

ISBN 3-486-**98587**-6

Herstellung: Fredi Grosser
Umschlaggestaltung: Dieter Vollendorf, München
Textzeichnungen: Eduard Wienerl, München
Satz, Druck und Bindearbeiten: Petersche Druckerei GmbH & Co. Offset KG, Rothenburg ob der Tauber

Inhaltsverzeichnis

Statt eines Vorwortes – ein Brief

Liebe Kollegin, lieber Kollege,

in unserer täglichen Unterrichtspraxis werden wir als Englischlehrer ständig mit den drei Hauptfeldern produktiven Sprachgebrauchs konfrontiert: Dialogue, Picture Story, Letters. Ob die Einwände, die „Text Production“ sei eine maßlose Überforderung der Schüler und Lehrer sollten daher am besten darauf verzichten, berechtigt sind oder nicht, sei dahingestellt; festzustellen bleibt jedoch, daß je nach Leistungsstärke der Lerngruppe auf diesem Gebiet durchaus befriedigende Ergebnisse erzielt werden können, wenn kontinuierlich, schülerorientiert, motivierend (und motiviert!), affektiv und assoziativ-analogisch gearbeitet wird. Zahlreiche empirische Untersuchungen haben ergeben, daß der fremdsprachenlernende Schüler mit seinen gegebenen muttersprachlichen Voraussetzungen, seinen tatsächlichen Interessen, seinen Bezugspersonen und -feldern nicht bis zu Klasse 9 oder 10 „Waiter“ und „Guest“ im Restaurant „spielen“, sondern seine eigenen, persönlichen Gedankeninhalte ausdrücken will, sich also eine gewisse Sprachkompetenz im „personal environment“ wünscht.

Welche Form des Ausdrucks persönlicher Interessen, Vorlieben, Abneigungen, welche Form der Schilderung alltäglicher Begebenheiten und welche Form des Erzählens familiärer, naheliegender Ereignisse wäre dafür besser geeignet als der *Brief*?

Der Brief als *die* ursprüngliche Form der Verständigung,

der Brief als die Realsituation, die nicht mühsam im Klassenzimmer konstruiert werden muß,

der Brief als Vorstufe der Auslandskorrespondenz,

der Brief als Begegnung mit der authentischen Situation eines anderen, fremden Landes,

der Brief als Einstieg in die vergleichende Landeskunde,
der Brief als Spannbrücke vom Bekannten zum Andersartigen, Fremden, oft Skurrilen,

der Brief als Identifikationsmittel!

Das nach praxiserprobten Erkenntnissen der Lernpsychologie methodisch aufgebaute Buch will die Freude am Schreiben von Briefen wecken und neue Impulse für den Umgang mit der englischen Sprache geben.

Ein Wort zum Aufbau des Buches:

Der Hauptteil enthält zehn Bausteine, jedem Baustein liegt folgende Gliederung zugrunde:

PART A: LETTER
1. Text (Ausgangstext)
2. Comprehension (Verständnis)

PART B: LANGUAGE
1. Vocabulary (Wortschatz)
2. Expressions (Redewendungen, Ausdrücke)
3. Grammar and Structures (Grammatik und Strukturen)

PART C: TEXT PRODUCTION (nach deutschen Angaben; Lückenbrief)

Im Mittelpunkt des A-Teils steht der *Ausgangstext* in Form eines Briefes. Dieser hat, mit Ausnahme der Anfrage in einem Hotel (Baustein für die 8. Jahrgangsstufe), immer persönlichen Charakter: Von ihm gehen alle Hinweise, Anregungen, Übungen und Aufgaben aus, auf ihn können sie zurückbezogen werden. (A1)

Eng damit verknüpft ist der A2-Teil *„Comprehension"*. Hier soll festgestellt werden, ob und inwieweit der Inhalt des Ausgangsbriefes verstanden wurde. Eine Vielzahl von Testformen eignet sich sowohl für die Überprüfung des *Global-* als auch des *Detailverständnisses.*

Bewußt wurden Variationen der Verständnisüberprüfung angeboten, die vom reinen TRUE/FALSE abgehen. Dem Schüler soll es Spaß machen, die einzelnen Aufgaben zu lösen.

Der B-Teil ist mit *„Language"* überschrieben. Im Teil B 1 *„Vocabulary"* werden wichtige Vokabeln aus dem Brief aufgegriffen, erklärt und teilweise auf ähnliche Situationen angewendet. Typische Wortschatzfehler, leicht verwechselbare Vokabeln, Ausssprachehilfen und Assoziationen haben hier Eingang gefunden. Durch Wortfeldübungen soll eine Erweiterung des aktiven Wortschatzes gefördert werden.

Im Teil B 2 *„Expressions"* werden alle Ausdrücke und Redewendungen, die für einen persönlichen Brief relevant sind, in deutscher Sprache erklärt. Die eingefügten, graphisch hervorgehobenen *„Substitution Charts"* ermöglichen es dem Lernenden, bekannte Redemittel auf ähnliche Bereiche zu übertragen. Dadurch vervielfältigt sich der aktive Sprachgebrauch, eine Tatsache, die beim Abfassen persönlicher Briefe von höchster Bedeutung ist. Die oftmalige Wiederholung und Übung mit diesen ‚Charts' wird dem Briefeschreiber helfen, bekannte Fehler zu vermeiden und flüssiger zu schreiben.

Es sei darauf hingewiesen, daß die zahlreichen „Substitution Charts" immer als indirekte muttersprachliche Anweisungen gehalten sind, um reines Übersetzen zu vermeiden und Analogiebildung und Transfer zu fördern. Zusätzliche Rollenspielkarten, jeweils dem Thema entsprechend, sollen die mündlichen Fertigkeiten als Vorstufe des produktiven Schreibens unterstützen. Besondere Bedeutung kommt den originalen Materialien zu, die *nicht* eigens für Unterrichtszwecke „klinisch gereinigt" wurden, sondern durch ihre Authentizität Impulse und Motivationshilfen bewirken können.

Im Teil B 3 *„Grammar and Structures"* werden, entsprechend den derzeit gültigen bundesdeutschen Lehrplänen und einer flach ansteigenden Progression folgend, wichtige Strukturen und grammatikalische Erscheinungen der englischen Sprache herausgestellt, an Beispielen verdeutlicht und in differenzierten Aufgaben mit Blick auf das Abfassen eines Briefes geübt.

Diese drei B-Teile sind unverzichtbare Vorbereitungsphasen für das eigentliche Abfassen eines Briefes. Wer sie gründlich und gewissenhaft durchgearbeitet hat, verfügt über ein solides Fundament für den ersten eigenen Brief ins Ausland.

Der C-Teil gliedert sich in zwei Aufgaben zur *Abfassung* von Briefen. Die Anweisungen sind jeweils in deutscher Sprache *indirekt* gegeben, wie dies auch in allen B-Teilen der Fall ist. Im ersten Brief kann der Lernende Bezug zum Ausgangstext nehmen, da sich Inhalt und Umfang, Wortschatz, Redewendungen und Grammatik stark an diesen anlehnen. Unsichere Schreiber werden hier zurückschlagen und suchen, Fortgeschrittene können ihren Brief mit dem Mustertext vergleichen.

Die zweite Anweisung erfordert differenziertere sprachliche Kenntnisse, sie wendet sich an den fortgeschrittenen Lerner. Bewußt wurden hier Angaben zum Inhalt gemacht, die über den reinen Transfer hinausgehen.

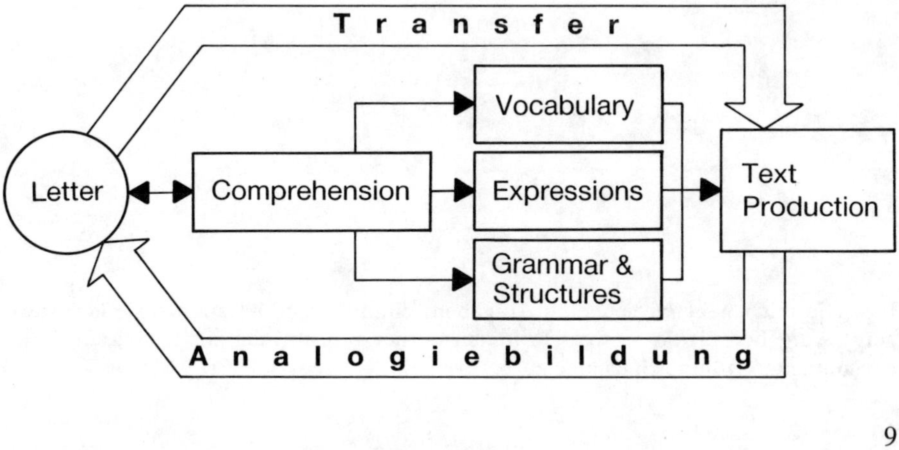

Die Inhalte der einzelnen Bausteine lehnen sich an die derzeit gültigen Lehrpläne für das Fach Englisch an Hauptschulen an. Das Buch kann jedoch wegen seiner Durchlässigkeit auch für die entsprechenden Jahrgänge einer Real- und Wirtschaftsschule eingesetzt werden.

Neben dem systematischen Durcharbeiten aller Bausteine in der gegebenen Reihenfolge (analog den einzelnen Schuljahren) können auch einzelne Bausteine zur Wiederholung, Vertiefung und Erweiterung herausgenommen und durchgearbeitet werden. Wichtig wäre aber die Durcharbeitung der *beiden* Bausteine *eines* Schuljahres, da beide Bausteine jeweils eng verzahnt („interlocked learning") sind.

Die Einleitung „First Things First", die schülerbezogene Ansprache in den einzelnen Abschnitten, Einschübe wie die kurze Vorstellung der Arbeit mit dem Wörterbuch, Anregungen für das Klassenzimmer oder der Anhang „After all..." sind Versuche, von althergebrachten stereotypen Einsetzaufgaben abzugehen und die Schüler dort anzusprechen, wo sie ansprechbar sind: in ihrer Welt, auf ihren Interessensgebieten, in ihrer Sprache.

Ich hoffe, daß Sie, verehrte Kollegin und verehrter Kollege, mit diesem schulbuchunabhängigen Übungsbuch ihre Schüler zum besseren Briefeschreiben und zur intensiveren Kommunikation mit dem Ausland anregen können und daß Ihnen dieses Buch eine Hilfe bei Ihrer Arbeit sein möge.

Wolfgang Hamm

P.S. Die mit * gekennzeichneten Aufgabenstellungen sind als zusätzliche (schwierigere) Aufgaben für den fortgeschrittenen Lerner gedacht, der zur Übung und Wiederholung auf frühere Bausteine zurückgreift.

A. Vorbemerkungen

Grundsätzliche Überlegungen

Fremdsprachenunterricht an der Schwelle zum dritten Jahrtausend: das ist primär Erziehung zu internationaler Kontakt- und Dialogfähigkeit. Die immer enger werdenden politischen, wirtschaftlichen und kulturellen Beziehungen einst weit entfernter, von einander isolierter Länder, der ständige Umgang mit sprachlichen Minderheiten in der eigenen Gesellschaft, beginnend im Kindergarten, weiterführend über Schule, Freizeiteinrichtungen bis hin zum Arbeitsplatz, lassen die Einsicht in einen elementaren Fremdsprachenunterricht für alle wachsen.

Zunächst sollte dabei die Bereitschaft zur Kommunikation mit Sprechern anderer Sprachen gefördert werden. Daß dieses Ziel leichter formuliert als erreicht ist, wird jedermann deutlich werden, der Schülerinnen und Schüler über ihr persönliches Bild von anderen Ländern und Völkern befragt. Überkommene Vorurteile, vererbte Vorstellungen, unausrottbare Klischees und Stereotypen sowie ein selbstgefälliges Überlegenheitsgefühl herrschen noch immer vor. Um diese Voreingenommenheiten und Ressentiments allmählich abbauen zu helfen, wird *jeder* Fremdsprachenunterricht *kommunikativ* ausgerichtet sein müssen. Nicht länger wird „das Andere" als unüberwindbares Hindernis oder gar Geringwertiges mit leichter Hand abgetan werden, wenn erst der Lernende seinen Horizont durch das Hinzutreten eines zweiten Sprachsystems erweitert. Dann wird der Fremdsprachenunterricht *persönlichkeitsbildend* sein, weil der Lernende im direkten mündlichen Kontakt mit einem Engländer oder Amerikaner oder im schriftlichen Kontakt durch Briefwechsel mit Partnern in fernen Ländern selbst erfährt, daß Andersartigkeit gleichberechtigt neben Altbekanntem, Vertrautem stehen darf.

Die Fremdsprache Englisch wird als ein internationales Medium der Verständigung gelehrt. Verständigung auf sprachlicher Ebene, indem im Unterricht jener Wortschatz, jene Strukturen und Redemittel, jene Themen und Situationen ausgewählt werden, die im „Ernstfall", bei Kontakten mit englischsprechenden Menschen im In- und Ausland, angewendet werden können. Verständigung auf sozialer Ebene, indem bei Briefen aus dem Ausland immanent und unbewußt landeskundliche Aspekte in den Lehrgang einfließen.

Eine der *ursprünglichsten* Kommunikationsformen liegt seit jeher im Austausch von Briefen. Vor allem der persönliche Brief weckt bei Schülerinnen und Schülern Freude, dem Partner im fernen Australien oder in Südafrika etwas aus dem eigenen Leben mitzuteilen. Briefeschreiben bereichert den Fremdsprachenunterricht in vielfältiger Weise:

1. Der regelmäßige Austausch realer (und eben nicht nur fiktiver) Briefe erhöht die Authentizität und Plastizität des Fremdsprachenunterrichts. Die oft starr erscheinenden Exercises und Dialogue Practices im Klassenzimmer, deren Berechtigung unbestritten ist, werden durch einen Brief aus den Vereinigten Staaten von Amerika, aus Hawaii oder Neuseeland belebend ergänzt, ergänzend belebt. Didaktisch aufbereiteten Lektionstexten, von allen sprachlichen Schwierigkeiten bis zur Keimfreiheit gereinigt, werden *originale,* lebendige Brieftexte zur Seite gestellt. Originalität dient der Motivation!
2. Der Schüler erkennt rasch die Notwendigkeit des Fremdsprachenerwerbs, wenn er persönliche Briefe ins Ausland senden will oder Briefe von dort erhält.
3. Er sieht die *Nützlichkeit* seiner oft mühsam und über viele Jahre hinweg erworbenen Fremdsprachenkenntnisse eher ein als derjenige, der über Lehrbuch- und Workbookexercises nie hinausgekommen ist.
4. Dies gilt in noch höherem Maße für die *Anwendbarkeit* seines Sprachschatzes. Wer immer nur im Klassenzimmer übt und niemals die Realsituation kennenlernt, wird zwar rudimentäre Fremdsprachenkenntnisse aufweisen, ob diese jedoch in der Praxis Anwendung finden werden, sei aber bezweifelt.
5. Keine Situation ist von größerer *Unmittelbarkeit* als das Sprechen zwischen einem die Sprache Englisch erlernenden deutschen Schüler und seinem englischen Partner. Auf die Situation des Schreibens übertragen: Der Briefwechsel zwischen zwei Partnern ist die engste und unmittelbarste schriftliche Form des Informations- und Meinungsaustausches. Hier findet echter Kontakt mit einem Mitglied eines fremden Volkes statt. Durch Briefkontakte lernt der Schüler, die Lebensformen und Lebensbereiche eines fremden Landes besser einzuschätzen, Vorurteile, Klischees und Stereotypen abzubauen. Das Briefeschreiben hat demnach sowohl ein *spracherzieherisches* als auch ein *sozialerzieherisches* Element.

   Das im Briefwechsel unmittelbar auftauchende Material wird von Anfang an in den Sprachlehrgang integriert sein. Spracherlernung ist demnach *unbewußtes* (Kennen)-Lernen grundlegender landeskundlicher Inhalte. Ohne dem Fremdsprachenunterricht immer höhere Lernziele aufbürden zu wollen, scheinen doch in Zeiten der Diskriminierung von Ausländern im eigenen Lande einerseits sowie in Zeiten immer häufigerer Auslandsaufenthalte andererseits folgende Ansätze von großer Bedeutung:

- Kontakte zu fremden Ländern aufzubauen,
- fremde Kulturen kennenzulernen,
- Menschen in ihrer Andersartigkeit, ihren Eigenheiten besser zu verstehen, anstatt sie in Selbstüberschätzung als „Ausländer“ abzuqualifizieren.

6. Kein anderes Medium erlaubt den Schülerinnen und Schülern eine derart freie *Darstellung persönlicher Gedankeninhalte* wie der Brief. Themen und Inhalte wie

- die persönlichen Daten,
- die eigene Familie (Eltern und Geschwister, Verwandte),
- die Wohnung, das eigene Zimmer,
- die Schule mit ihrem Umfeld,
- Freizeitaktivitäten,
- Sportarten,
- Urlaubsreisen,
- Berichte über die nähere Umgebung: Heimatstadt oder -gemeinde, Landschaft, Sehenswürdigkeiten usw.,

aber auch für die fortgeschrittenen Jahrgangsstufen

- Arbeits- und Berufsfragen,
- Partnerschaften,
- Gegenwartsprobleme im eigenen Bereich: z. B. Arbeitslosigkeit, Umweltverschmutzung etc.,

werden immer Gegenstand von Erörterungen in Briefen sein.

Will sich der Englischunterricht an der Hauptschule nicht alleine auf die Vermittlung von Wortschatz, Redemittel, Grammatik und Strukturen beschränken, müssen Probleme der Verständigung zwischen Angehörigen verschiedener Kulturen einbezogen werden. Wie könnte diese Verständigung besser angebahnt werden als im Austausch von Briefen?

Methodische Aspekte

Der Konzeption dieses Buches liegen folgende methodische, von den Lehrplänen mitbestimmte Gesichtspunkte zugrunde:

1. Es gilt der Grundsatz, daß der Englischunterricht an der Hauptschule *einsprachig* zu führen ist, um ein Mindestmaß an Eintauchen („immersion“) in die Fremdsprache zu gewährleisten. Bei Wortschatzerklärungen, Bewußtmachen schwieriger sprachlicher Formen, bei Anweisungen im Bereich „Expressions“, bei den inhaltlichen Vorgaben für die Briefe darf auf die Muttersprache zurückgegriffen werden, um Einstiegsschwierigkeiten in die einzelnen Aufgaben von vornherein zu vermeiden. Der bewußte Einsatz der Muttersprache ist als Lernerleichterung und Lernhilfe für langsamlernende Schüler gedacht.

2. Die einzelnen Sprechabsichten „Verstehen“ und „Verstandenwerden“ sinnvoll in den Englischunterricht zu *integrieren,* ist von übergeordneter Bedeutung. Nicht Isolierung, sondern Integrierung soll im Mittelpunkt stehen. Das Buch geht vom Prinzip des *„situational approach“* aus. Dies bedeutet, daß alle Wörter, Redemittel und grammatische Strukturen nicht isoliert anhand endloser Listen („We are grateful that...“ – „Wir sind dankbar, daß...“) gelernt, sondern immer in einen *Situationsrahmen* gestellt werden, der wirklichkeitsnahe, realistische Spracherlernung und -anwendung erlaubt. Der Brief ist somit Bindeglied zwischen Spracherlernung und -anwendung, eine Klammer zwischen Sprache und Realität.
   Der sprachliche Kontext steht in engster Beziehung zu *lebendigen, schüler- und altersgemäßen* Situationen. Diese Lebendigkeit und Altergemäßheit gepaart mit Themen, die den Schüler an-sprechen (!), sind Motivation und Antrieb zugleich. Die Überwindung der nicht selten künstlichen Klassenzimmeratmosphäre durch überschaubare, charakteristische, den Erfahrungsbereichen der Schüler nahestehende Alltagssituationen ist die erklärte didaktische Absicht.
3. Bei all diesen Überlegungen hat die *sprachliche Korrektheit* Vorrang. „False Friends“, häufige und aus der Unterrichtspraxis bekannte Fehler in den Bereichen Wortschatz, Redemittel und Grammatik verlangen ausdauernde und geduldige *Übungen.* Die *wiederholende* Übung, die *Festigung,* die *Übertragung* auf neue Situationen tragen dazu bei, das additive Lernen einer Fremdsprache zu unterstützen.
   Schon der Spracherwerb der Muttersprache basiert auf *Analogiebildung.* Daher wird auch der Fremdsprachenunterricht auf diese natürliche Form der Spracherlernung nicht verzichten können. Durch einen *positiven Transfer* kann der Schüler seinen Sprachschatz mittels Derivation, d.h. Ableitung, systematisch erweitern. Es darf an dieser Stelle nicht unerwähnt bleiben, daß Analogien innerhalb eines Sprachlehrgangs auch eine Lernerschwerung darstellen können, wenn Schüler auf der Grundlage ihnen bekannter lautlicher, lexikalischer und grammatischer Modelle zu falschen Verbindungen verleitet werden.

Aus der Erkenntnis heraus, daß der Brief in der *nachschulischen* Begegnung mit der englischen Sprache oft die einzige Form des Kontaktes sein wird, wurde das Briefeschreiben (genauso wie die Bildgeschichte) in den schriftlichen Teil der Besonderen Leistungsfeststellung zum Erwerb des Qualifizierenden Abschlusses an der Hauptschule in Bayern aufgenommen.
Diese Form der *text production* bildet einen Kernpunkt der Prüfung. Sie erfordert vom Schüler das Abfassen eines persönlichen Briefes in englischer Sprache. Dazu werden inhaltliche Vorgaben in deutscher Sprache zur Verfügung gestellt.

Die Bausteine des vorgestellten Lehrganges können die in der Prüfungssituation geforderte sprachliche Qualifikationen systematisch aufbauen helfen. Im Anhang ist eine Aufgabenstellung aus einer Abschlußprüfung in Bayern abgedruckt.

Beurteilungskriterien für einen Brief

Um einen persönlichen Brief beurteilen zu können, haben sich in der täglichen Unterrichtspraxis folgende Orientierungspunkte als hilfreich und nützlich herausgestellt:

Grundsätzlich sollte jeder Brief nicht in einzelne Bruchstücke zerfallen, also nicht satzweise beurteilt, sondern als eine *Einheit,* als Gesamttext bewertet werden.
Zunächst steht dabei die *kommunikative Leistung* des Verfassers im Mittelpunkt:

- ○ Entspricht der englische Brief den inhaltlichen Vorgaben?
- ○ Ist darauf nur oberflächlich oder detailliert eingegangen worden?
- ○ Nimmt der Verfasser persönlich Stellung? („I think..." „I hope...")
- ○ Sind die einzelnen Äußerungen auch für einen Nicht-Deutschen verständlich oder handelt es sich um schlimmstes „Filser Englisch"? („There come I simple not more with. Is our TV not absolute on the woodway?" Quelle: Süddeutsche Zeitung Nr. 286 vom 12./13. Dezember 1987)
- ○ Wurden auch formale Gesichtspunkte berücksichtigt wie Datum, Anrede, Grußformel? Sind Anordnung und Reihenfolge korrekt?

In Anlehnung an den Bewertungsmaßstab, der für den Qualifizierenden Hauptschulabschluß vorgegeben ist, kann sodann die Leistung der einzelnen in Verbindung mit den Leistungen der übrigen Schüler (ein)geschätzt werden.

Punkte		
	8	Weit überdurchschnittliche, ausgezeichnete Leistung; übertrifft die genannten Anforderungen bei weitem.
	6	Überdurchschnittliche Leistung, d.h. ohne Schwierigkeit von native speakers zu verstehen.
	4	Entspricht dem Durchschnitt; kleine Verstöße gegen die Verständlichkeit.
	2	Unterdurchschnittliche Leistung; Mängel in der Verständlichkeit.
	0	Weit unterdurchschnittliche Leistung; akommunikativ.

Die Beurteilung der *sprachlichen Leistung* steht gleichwertig neben der kommunikativen:

- ○ Entspricht der verwendete Wortschatz der verbindlichen Liste des „Basic Vocabulary“ oder geht er sogar darüber hinaus? (Aufbauwortschatz oder Fachwortschatz?)
- ○ Werden ideomatische Redewendungen gebraucht?
- ○ Beachtet der Schüler die Grundregeln der englischen Grammatik? (z.B. Satzbau S–P–O; Zeitengebrauch)
  Verwendet der Verfasser Nebensätze?
- ○ Wird der Brief durch schwere Wortschatzfehler („I become a letter“), sinnentstellende Rechtschreibfehler („Eye right a letter“), Germanismen („He is my new letter-friend“) oder Auslassungen beeinträchtigt?

Punkte	
8	Weit überdurchschnittlicher Brief; Nebensätze, ideomatische Redewendungen, sichere Wortwahl. Ein sehr flüssig geschriebener Text.
6	Überdurchschnittliche Leistung: insgesamt ohne Verstöße gegen den Satzbau; kaum Wortwahlfehler, noch recht flüssig geschrieben.
4	Durchschnittliche Leistung, d.h. kleine Verstöße gegen Satzbau (Ort vor Zeit usw.), falsche Wortwahl, Rechtschreibmängel.
2	Unter dem Durchschnitt: Mängel im Satzbau, die sinnentstellend sind; schwere Wortschatzfehler, orthographische Fehler.
0	Weit unterdurchschnittliche Leistung: eine Anhäufung von Verstößen gegen Grammatik, Rechtschreibung, Satzbau.

Die sich ergebenden Punkte könnten nun mit 2 multipliziert werden. Vorschlag für eine Punkteverteilung:

1 = 32–29½	4 = 18–13
2 = 29–24½	5 = 12½–8½
3 = 24–18½	6 = 8–0

B. First Things First

Lies dir die folgenden Anweisungen zum Briefeschreiben gründlich durch. Versuche jeweils, die kleinen Aufgaben richtig auszuführen!

Einen Briefumschlag beschriften

Bei der **Anschrift** auf Briefumschlägen beachte:

Briefe nach Großbritannien

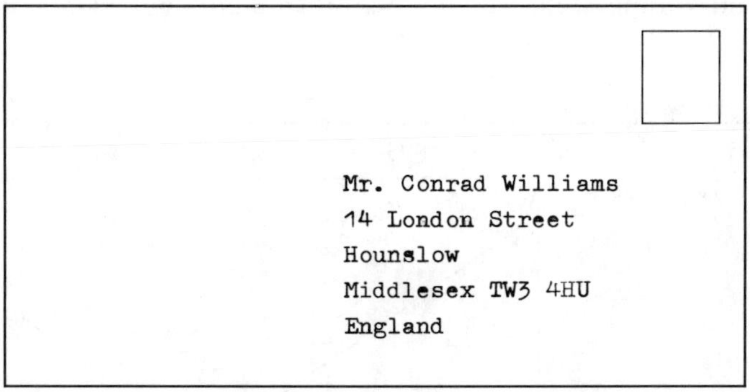

Die Hausnummer steht *vor* der Straße. Nach der Stadt (Hounslow) folgt der jeweilige Bezirk, die Grafschaft usw. mit dem „postcode“, vergleichbar der deutschen Postleitzahl. Diese besteht aus sechs oder sieben Stellen (Buchstaben und Zahlen) in *zwei* Gruppen.
Bei maschinengeschriebenen Adressen werden keine Zeichen (Punkte, Kommata) verwendet.

Briefe in die Vereinigten Staaten von Amerika

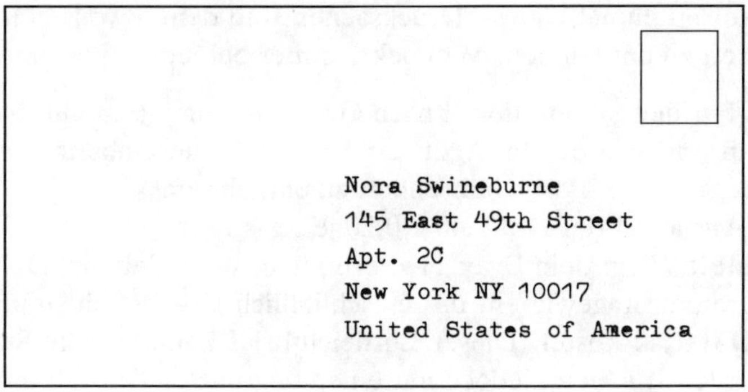

Auch hier steht die Hausnummer *vor* der Straße. In der nächsten Zeile wird die Wohnungsnummer (apartment), das Stockwerk (2.) und der Buchstabe der Wohnung („C“) aufgeführt.
Jeder amerikanische Bundesstaat hat einen Code von zwei Buchstaben (zip code, ZIP = Zone Improvement Plan), dem eine Reihe von Zahlen nachgeordnet ist.
Die fünf Zahlen bedeuten: Landesteil, Staat, Bezirk, Stadt und Postamt.
Als letzte Zeile folgt bei Auslandsbriefen der Name des Bestimmungslandes. Er sollte deutlich sichtbar geschrieben sein!
Der **Absender** kann sowohl in der linken oberen Ecke des Umschlags als auch auf der Rückseite erscheinen. Deiner Stadt kann der Buchstabe **D-** für Deutschland vorangestellt werden. Natürlich kann dem Namen der Absenderstadt auch ‚Federal Republic of Germany‘ folgen.

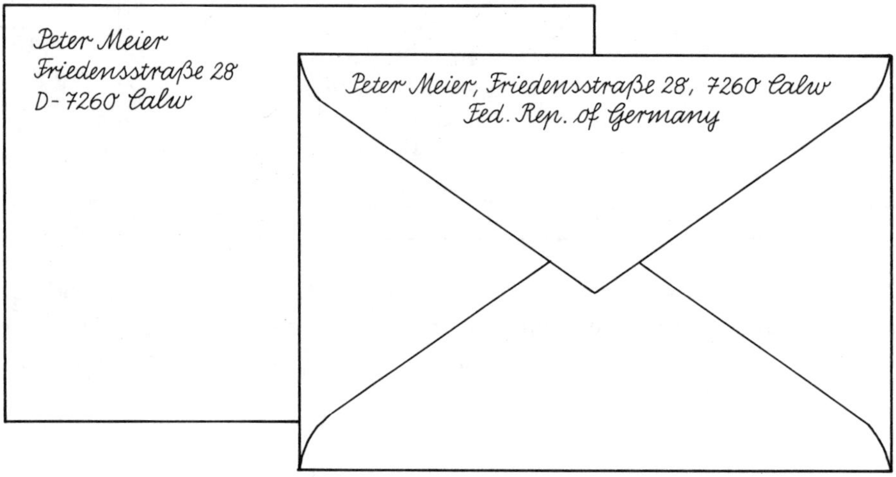

Die Postgebühren für Briefe ins Ausland sowie Luftpost, Luftpostleichtbriefe („Aerogramme“) sowie Drucksachen sind dem jeweils gültigen Postgebührenheft zu entnehmen. Man bekommt es bei jedem Postamt.

Hinweise: Für den Standardbrief nach Großbritannien (einschl. Nordirland, Kanalinseln und Isle of Man) gilt seit 1.4.1989 eine Gebühr von DM 1,–
(Briefmaße sind dem Postgebührenheft zu entnehmen!)
Luftpost: Auslandsbrief DM 1,40 + 0,20 je 5 g = DM 1,60
Das bedeutet: Wiegt dein Brief 11 g, erhöht sich die Gebühr! Daher sei auf das Aerogramm hingewiesen, das einschließlich Briefgebühr und Luftpostzuschlag DM 1,40 kostet. Dieser Luftleichtbrief kann für alle Staaten verwendet werden. Er bietet jedoch nur einen begrenzten Schreibraum.

An dieser Stelle sei auf eine weitere kostengünstige Möglichkeit der Briefversendung für Schüler hingewiesen. Es ist die nur wenig bekannte Form des sog. *„Schülerbriefes“*. Der Schülerbrief fällt unter Drucksachen (§ 17 des Briefpostbuches).

Briefe und Postkarten, die zwischen Schülern durch Vermittlung der Schulleiter ausgetauscht werden: Es sollen Briefumschläge mit eingedruckter Absenderangabe der Schule verwendet oder die Briefumschläge bzw. Postkarten mit einem Abdruck des Dienststempels der Schule versehen werden. Diese Briefe können dann als *Drucksache* zu dem jeweils gültigen Porto ins Ausland verschickt werden. Die Ersparnis für den schmalen Geldbeutel der Schüler ist beträchtlich!

Einen persönlichen Brief gestalten

Die folgenden Hinweise und Richtlinien sollen dem Verfasser persönlicher Briefe helfen, Anregungen zu finden, Übersichtlichkeit bei der Gestaltung zu erreichen und Formfehler zu vermeiden.

Die **Adresse des Schreibers** erscheint immer rechts oben auf dem Blatt („at the top right-hand corner of the page“). Der Engländer sagt dazu „The Heading“.

Der Adresse folgt das **Datum:**

Beispiel:

20 Wiley Drive
Buxton
Derbyshire
England

3rd November, 19__

82 Crawford Avenue
Cranley
Dorset
England

10th October, 19__

The Order of the Heading (Die Reihenfolge der Adresse):

1. The number of the house and the name of the street
2. The town or city
3. The area (Die Gegend, die Grafschaft, der Bezirk usw.)
4. The country
5. The date

Beispiel:

Bloomingdale
New Jersey
United States of America

Sept. 20th, 19__

Die Beispiele der folgenden Briefe zeigen, daß die Anschrift des Absenders auch weggelassen werden kann, wenn bereits seit längerer Zeit eine rege Korrespondenz besteht. Dies gilt in jedem Fall für die Innenanschrift, die Adresse des Empfängers. Sie sollte nicht auf der Briefseite erscheinen. Briefumschlag genügt!

Aufgabe 1

Ordne folgende Angaben:

10 August 19. . | 4 High Street | England | Middlesex | Newton.
Germany | 40 Wieland Strasse | 6400 Fulda | Germany.

In der Anschrift verwendet man häufig auch Abkürzungen:

„St." für „Street"
„Rd." für „Road"
„Sq." für „Square"
„Pl." für „Place"
„Ave." für „Avenue"

Bezeichnungen wie „Lane" oder „Drive" werden nicht abgekürzt! Für „West" steht oft „W", für „North-West" „N.W.", für „West Centre" (in London) „W.C.".

Aufgabe 2

Wie könnten folgende Wörter abgekürzt werden?

Garden Street | London Road | Times Square | Fifth Avenue | London South West | London North East |

Das Datum kann auf zwei verschiedene Arten geschrieben werden:

10th February, 19.. | February 10th, 19..

Beide Formen sind richtig und üblich. Leider tauchen bei vielen deutschen Briefeschreibern auch „Mischformen" auf, die falsch sind! Die zweite Form ist hauptsächlich in den USA üblich.

Aufgabe 3

Schreibe folgende Daten, wie sie in einem Brief auftauchen könnten:

26. Februar 1970	17. Juni 1990
21. April 1982	22. Mai 1988
20. Januar 1989	3. Juli 1975

Ordne und schreibe:

April | 30 | 1991	1988 | May | 21
1910 | 12 | September	August | 9 | 1993
14 | December | 1934	3 | June | 1956
July | 1 | 1999	March | 1960 | 12

Beachte: Auch Monatsnamen können abgekürzt werden: „Jan.", „Feb.", „Aug.", „Sept.", „Oct.", „Nov.", and „Dec.".

Manche Briefschreiber verwenden heute nur noch Zahlen für das Datum: 2/3/88

Kommt der Brief aus den Vereinigten Staaten, bedeutet dies: 3. Februar 1988

Ist der Verfasser ein Engländer: 2. März 1988

Deutsche Briefeschreiber sollten aus Gründen der Klarheit diese Form des Datumschreibens *nicht* anwenden!

Besonderheiten der Schreibweise:
Da persönliche Briefe in der Regel handschriftlich sind, tauchen gerade bei Zahlen Verwechslungen auf:
GB: 1 = l   7 = 7
Die im Deutschen übliche Schreibweise mit einem Aufstrich ist selten. Auch der Querstrich bei der 7 entfällt. Manche Engländer sehen deshalb die 7 für eine 4 an. Dies kann insbesondere bei Geldbeträgen zu unangenehmen Verwirrungen führen!
Es ist wichtig, daß der Verfasser seinen Brief in leicht lesbarer Handschrift verfaßt. Das Lesen macht dem ausländischen Partner so keine Mühe und veranlaßt ihn sicher, bald zurückzuschreiben.

Aufgabe 4

Schreibe das heutige Datum!
Schreibe das Datum deines Geburtstages!
Schreibe das Datum des Geburtstages deines Freundes | deiner Freundin!

Aufgabe 5

Schreibe deine Anschrift mit Datum!

Peter Meier
Friedensstraße 28
D-7260 Calw

Die **Anrede** in einem persönlichen Brief wird von der Art der Beziehung der Briefpartner bestimmt. Die gebräuchlichsten Anreden dabei sind:

Dear Peter,
Dear Mr Miller,
Dear Mrs Bookbinder,

Der Anrede folgt im persönlichen Schreiben ein Komma.
Die erste Zeile (oft eingerückt) beginnt aber mit einer Großschreibung:

Dear Walter,
Unfortunately...

Hinweis: In formellen Briefen, wie z.B. „A Letter to a Hotel" (siehe Baustein 7./8. Schuljahr) steht als Anrede: „Dear Sirs".

Ist man seinem Briefpartner näher bekannt, vielleicht sogar in die Partnerin/den Partner verliebt, gibt es natürlich eine Reihe von Anreden, die, je nach Phantasie, beliebig erweitert werden können.

Beispiele:

My dearest Cynthia,
Deborah, my dearest,
My darling Clementine,
My sweetheart,
My darling,
...

Nach dem eigentlichen Text steht die Grußformel. Man sollte beachten, daß man persönliche Anreden nicht mit unpersönlichen Grüßen kombiniert.

Am Ende eines persönlichen Briefes könnte stehen:

Yours, *Yours ever,*
Ever yours, *Love,*

„Love" bedeutet im englischen Sprachgebrauch nicht unbedingt, daß man in die Briefpartnerin verliebt ist. Es drückt vielmehr das deutsche „Mit herzlichen Grüßen" aus.

Sollte jedoch auch „Liebe" ausgedrückt werden wollen, so schreibe man:

Your loving, *With fondest love,*

Die Unterschrift steht immer von Hand darunter.

Manche jüngere Verfasser glauben, eine möglichst hieroglyphische Unterschrift anbringen zu müssen. Auch hier sollte gelten: Der Brief in ein fremdes Land ist kein Platz für übertriebene Selbstgefälligkeit!
Als Nachtrag, d.h. der Verfasser hat einen Gedanken nicht im Haupttext untergebracht, möchte jedoch nicht auf den Satz verzichten, schreibe man:
NB (Nota bene)
P.S. (postscript)
Der persönliche Brief ist demnach folgendermaßen aufgebaut und gegliedert:

Number Street,
Town,
District,
Country.
Date

Dear ...

TEXT TEXT TEXT TEXT TEXT TEXT
TEXT TEXT TEXT TEXT TEXT TEXT TEXT

TEXT TEXT TEXT TEXT TEXT TEXT TEXT
TEXT TEXT TEXT TEXT TEXT TEXT TEXT

TEXT TEXT TEXT TEXT TEXT TEXT TEXT
TEXT TEXT TEXT TEXT TEXT TEXT TEXT

TEXT TEXT TEXT TEXT TEXT TEXT TEXT
TEXT TEXT TEXT TEXT TEXT TEXT TEXT
TEXT TEXT TEXT TEXT TEXT TEXT TEXT
TEXT TEXT TEXT TEXT TEXT TEXT TEXT

TEXT TEXT TEXT TEXT TEXT TEXT TEXT
TEXT TEXT TEXT TEXT TEXT TEXT TEXT
TEXT TEXT TEXT TEXT TEXT TEXT TEXT
TEXT TEXT TEXT TEXT TEXT TEXT TEXT
TEXT

Yours

SIGNATURE

Ein Wörterbuch (Dictionary) benutzen

Arbeitskarte

Das gesuchte Wort heißt:

recovery

1. Schlage das gesuchte Wort nach. Lies **zuerst alle** Bedeutungen!
2. In welchem Zusammenhang könnte das gesuchte Wort im Brief stehen? (Schreibe die Bedeutungen heraus!)
3. Welche Wortart hat das gesuchte Wort?
4. Welche Bedeutung hat das Wort in diesem Zusammenhang? Markiere es im rechten Ausschnitt!
5. Trage die gefundene Bedeutung in dieses Kästchen ein:

Erklärung der Zeichen

Bildliche Zeichen

~ ○ ~	siehe Seite 11: Fette und einfache Tilde.	🚂	Eisenbahn, *railway.*
		✈	Luftfahrt, *aviation.*
F	familiär, *familiar*; Umgangssprache, *colloquial.*	✉	Postwesen, *postal affairs.*
		♪	Musik, *musical term.*
V	vulgär, *vulgar*; unanständig, *indecent.*	⏃	Architektur, *architecture.*
		⚡	Elektrotechnik, *electrical engineering.*
⚘	Botanik, *botany.*	⚖	Rechtswissenschaft, *legal term.*
⊕	Handwerk, *handicraft*; Technik, *engineering.*	A	Mathematik, *mathematics.*
⚒	Bergbau, *mining.*		Landwirtschaft, *agriculture.*
⚔	militärisch, *military term.*		Chemie, *chemistry.*
⚓	Schiffahrt, *nautical term.*	⚕	Medizin, *medicine.*
†	Handel u. Wirtschaft, *commercial term.*	→	siehe Seite 12: Verweise.

re·count[1] [ri'kaunt] *v/t.* (im einzelnen) erzählen.
re·count[2] ['ri:'kaunt] *v/t.* nachzählen.
re·coup [ri'ku:p] *v/t.* **1.** *Verlust etc.* wieder einbringen; **2.** *j-n* entschädigen, schadlos halten (*for* für); **3.** †, ⚖ einbehalten.
re·course [ri'kɔ:s] *s.* **1.** Zuflucht *f* (*to* zu): *to have* ~ *to s.th.* s-e Zuflucht zu et. nehmen; *to have* ~ *to foul means* zu unredlichen Mitteln greifen; **2.** †, ⚖ Re'greß *m*, Re'kurs *m*: *with (without)* ~ mit (ohne) Rückgriff; *liable to* ~ regreßpflichtig.
re·cov·er [ri'kʌvə] **I.** *v/t.* **1.** (*a. fig. Appetit, Bewußtsein, Fassung etc.*) 'wiedererlangen, -finden; zu'rückerlangen, -gewinnen; ⚔ 'wieder-, zu'rückerobern; *Fahrzeug, Schiff* bergen: *to* ~ *one's breath* wieder zu Atem kommen; *to* ~ *one's legs* wieder auf die Beine kommen; *to* ~ *land from the sea* dem Meer Land abringen; **2.** *Verluste etc.* wieder'gutmachen, wieder einbringen, ersetzen; *Zeit* wieder aufholen; **3.** ⚖ **a)** *Schuld etc.* einziehen, beitreiben, **b)** *Urteil* erwirken (*against* gegen): *to* ~ *damages for* Schadensersatz erhalten für; **4.** ⊕ *aus Altmaterial* regenerieren, 'wiedergewinnen; **5.** ~ *o.s.* → *8 u. 9*: *to be* ~*ed from* wiederhergestellt sein von; **6.** (er-)retten, befreien (*from* aus *dat.*); **7.** *fenc. etc.* in die Ausgangsstellung bringen; **II.** *v/i.* **8.** genesen, wieder gesund werden; **9.** sich erholen (*from, of* von *e-m Schock etc.*) (*a.* †); **10.** wieder zu sich kommen, das Bewußtsein 'wiedererlangen; **11.** ⚖ **a)** Recht bekommen, **b)** entschädigt werden, sich schadlos halten: *to* ~ *in one's suit* s-n Prozeß gewinnen, obsiegen.
re·cov·er ['ri:'kʌvə] *v/t.* wieder bedecken, *bsd. Schirm etc.* neu beziehen.
re·cov·er·a·ble [ri'kʌvərəbl] *adj.* **1.** 'wiedererlangbar; **2.** wieder'gutzumachen(d); **3.** ⚖ ein-, beitreibbar (*Schuld*); **4.** wieder'herstellbar; **5.** ⊕ regenerierbar; **re·cov·er·y** [ri'kʌvəri] *s.* **1.** (Zu)'Rück-, 'Wiedererlangung *f*, -gewinnung *f*; **2.** ⚖ **a)** Ein-, Beitreibung *f*, **b)** *mst* ~ *of damages* (Erlangung *f* von) Schadenersatz *m*; **3.** ⊕ Rückgewinnung *f aus Abfallstoffen etc.*; **4.** ⚓ *etc.* Bergung *f*, Rettung *f*: ~ *vehicle mot.* Abschleppwagen; **5.** *fig.* Rettung *f*, Bekehrung *f*; **6.** Genesung *f*, Gesundung *f*, Erholung *f* (*a.* †), (*gesundheitliche*) Wieder'herstellung: ~ *of trade* † Wiederbelebung des Handels; *to be past* (*od. beyond*) ~ unheilbar krank sein, *fig.* hoffnungslos darniederliegen; **7.** *sport* **a)** *fenc. etc.* Zu'rückgehen *n* in die Ausgangsstellung, **b)** *Golf etc.* Erholung *f* (*befreiender Schlag*).

Abkürzungen verstehen

Da in Briefen häufig Abkürzungen auftauchen, sollte folgende Zusammenstellung zu Hilfe genommen werden:

A.D.		anno Domini	nach Christus; n. Chr.
B.C.		before Christ	vor Christus; v. Chr.
a.m.	*ante meridiem*	before noon	vormittags
p.m.	*post meridiem*	after noon	nachmittags
c/o		care of	per Adresse; bei
cf.	*confer*	compare	vergleiche; vgl.
e.g.	*exempli gratia*	for instance for example	zum Beispiel; z.B.
etc.	*et cetera*	and so on	und so weiter; u.s.w.
i.e.	*id est*	that is	das heißt; d.h.
N.B.	*nota bene*	note carefully	merke wohl
No.		number	Nummer; Nr.
P.S.	*postscriptum*	postscript	Nachschrift
P.T.O.		please turn over	bitte wenden; b.w.
viz.	*videlicet*	namely	nämlich

So wird Briefeschreiben interessant!

① Besorgt euch eine Weltkarte.

② Jeder in deiner Klasse markiert die Anschrift seines Briefpartners durch ein Fähnchen:

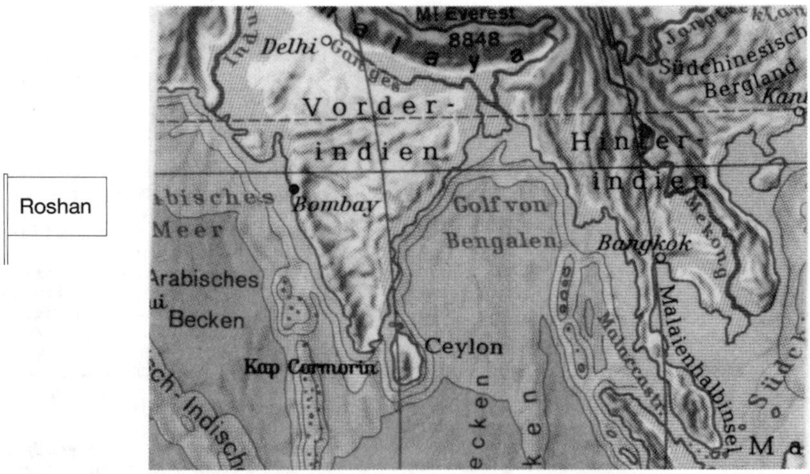

③ Ziehe einen farbigen Wollfaden vom Absenderort (in diesem Beispiel: Bombay) zu deinem Heimatort. Rechne die Entfernung aus. (Luftlinie!)

④ Wie lange waren die einzelnen Briefe nach Deutschland unterwegs? (Hänge die Anzahl der Tage an den Wollfaden an!)

⑤ Welcher Brief hat den weitesten Weg zurückgelegt? (Erkundige dich eventuell auf deinem Postamt, welche Zwischenstationen *dein* Brief passieren muß, um nach Indien, Australien, Jamaika usw. zu kommen.)

⑥ Vielleicht schreibst du in deinem Brief über den Postweg deines Briefes.

⑦ Hast du schon daran gedacht, mit deinen Klassenkameraden Briefe zu tauschen? Auch dadurch bekommt man Anregungen und Hinweise, die man im eigenen Brief wieder aufnehmen kann.

⑧ Versuche immer, deinen Brief interessant und lesenswert zu gestalten. Verwende schönes Briefpapier, lege eventuell ein Bild, einen Prospekt deines Heimatortes oder deiner Gegend, Briefmarken, einen „echten" Bierdeckel, Abzeichen, ein Poster... bei.

⑨ Legt eine Wandkarte (wall chart) an!
It is for your classroom. One column is for one pen friend.

PHOTO				
NAME ADDRESS	Roshan Singh Bombay			
NATIONALITY	Indian			
AGE	14			
HOBBIES	sewing, embroidering, knitting			
ENCLOSURES	Indian silk scarf			

Diese Einrichtungen vermitteln Brieffreundschaften

Bayerischer Jugendring
Postfach 200603
8000 München 2
(Brieffreundschaften zwischen Bayern und dem Ausland)

Internationaler Jugendaustausch-
und Besucherdienst der Bundesrepublik
Deutschland e.V.
Kennedyallee 91–103
5300 Bonn-Bad Godesberg
(Für Brieffreundschaften zwischen 12–18 Jahren. Der Anfrage sollte ein Briefumschlag mit ausreichendem Porto und eigener Anschrift beigelegt werden!)

International Scholastic Correspondence
„Dovenden“, Tipton St. John
Sidmouth,
Devon,
England
(Vermittlungsstelle für englische Brieffreundschaften)

League of Friendship
P.O.Box 509
Mount Vernon,
Ohio 43050
USA
(Vermittlungsstelle für amerikanische Brieffreundschaften)

International Youth Service
SF 20101 Turku 10
Finland
(Vermittlungsstelle für internationale Brieffreundschaften. Nach eigenen Angaben Briefpartner in 125 Ländern der Welt.)
Hinweis: Zuerst mußt du um ein Formular bitten. (First you have to ask for an order form.)
Pro Adresse wird eine kleine Gebühr verlangt.

International Pen Friends
P.O.Box 340
Dublin 12
Ireland
(Durch ein Antragsformular (application form) wird man Mitglied dieser, nach eigenen Angaben, größten Organisation mit Kontakten in 140 Ländern. Dafür erhält man Adressen und Möglichkeiten des Austausches von Briefmarken, Cassetten usw. Kleiner Jahresbeitrag. Vierteljährlich erscheint: „Newsletter“.)

C. Writing Letters

5. Schuljahr

1. Baustein: A letter from Germany to England
Michael Gerhardt schreibt seinem englischen Brieffreund John Harris.

Themen: Persönliche Daten, Familie

PART A: Letter

Text (Ausgangstext)

Am Poggenteich 29
3100 Celle
Federal Republic of Germany

2nd October, 19__

Dear John,

Thank you very much for your nice letter. I want to tell you something about my family today. My father is fifty-one years old. He is a taxi-driver. He drives an old Mercedes. My mother is forty-nine and she does the housework. Sometimes she drives the taxi, too.

I've got two sisters, Marion and Susanne. Marion is fifteen and goes to a Grammar School in Celle; she is very good at school. She likes Maths and History. By the way, do you like History? I don't. It's so boring!

Susanne is twenty-one and works in a big factory. She starts work at 7 a.m. and finishes at 3.30 p.m. Her work is very hard. She's got a boy-friend. His name is Werner. He works in the same factory. They want to marry next year.

Before I finish this letter I want to ask you some questions: Can you tell me something about the house you live in? Have you got a room of your own? Can you describe it, please? When does school start in England? How many pupils are there in your class? Are your teachers friendly?

I hope you write soon.

With best wishes

Michael

P.S. When's your birthday, John?

Comprehension (Verständnis)

true or false

Schreibe in die leeren Kärtchen, ob folgende Aussagen richtig oder falsch sind:

1. John Harris writes a letter.
2. Michael lives in Bavaria.
3. Mr. Gerhardt is a taxi-driver.
4. Michael's mother works at home.
5. Michael has got two sisters.
6. Susanne goes to school.
7. Susanne's boy-friend is German. His name is Werner.
8. Werner is a taxi-driver, too.

PART B: Language

Vocabulary (Wortschatz)

Family

line 7: . . . my family . . .
line 11: . . . two sisters . . .
line 7/9: my father . . . ; . . . my mother . . .

Kennst du folgende Bezeichnungen?

father	mother
son	daughter
uncle	aunt
grandfather	grandmother
grandpa	grandma
nephew* (Neffe)	niece* (Nichte)
husband	wife
brother	sister
brother-in-law* (Schwager)	sister-in-law* (Schwägerin)
cousin* (männlich: Cousin = Vetter; weiblich: Cousine)	

This is John's Family

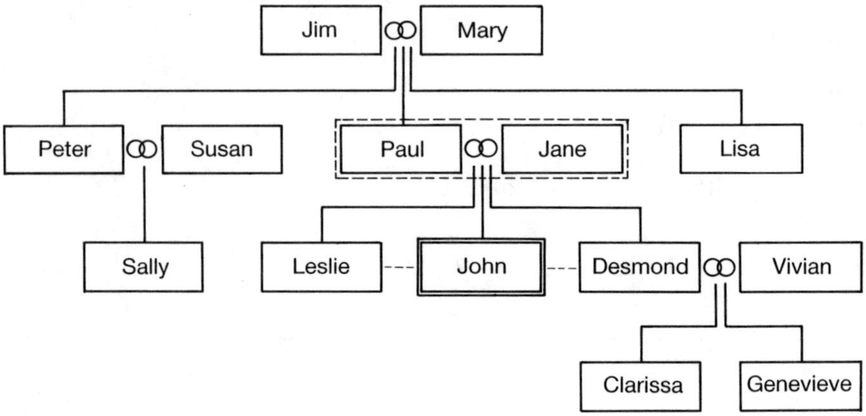

Verwandtschaftsbeziehungen:

Leslie is John's__________	Jim__________	* Sally__________
Desmond is John's__________	Mary__________	* Vivien__________
Jane and Paul are__________	Susan__________	* Clarissa__________
Jane__________	Peter__________	* Genevieve__________
Paul__________	Lisa__________	

The days of the week

Lies dir die Wochentage gut durch. Immer wieder werden „Tuesday" und „Thursday" verwechselt. Merke dir den Unterschied!

Monday
Tuesday ←
Wednesday
Thursday ←
Friday
Saturday
Sunday

(Arbeitsblatt – Aufgaben 1 bis 4)

The Months of the Year

line 4: October, ...
Wiederhole die Monatsnamen.

January	April	July	October
February	May	August	November
March	June	September	December

(Arbeitsblatt – Aufgabe 5)

Arbeitsblatt

① Male die ›Days of the Week‹ farbig aus!

Monday Tuesday Friday Sunday
Wednesday Thursday Saturday

② Welcher Tag ist es? • Which day is it?

③ Spiegelschrift • Mirror writing

④ Tintenflecke • Ink-blots

⑤ Seifenblasen • Bubbles

The months of the year			
1		7	
2		8	
3		9	
4		10	
5		11	
6		12	

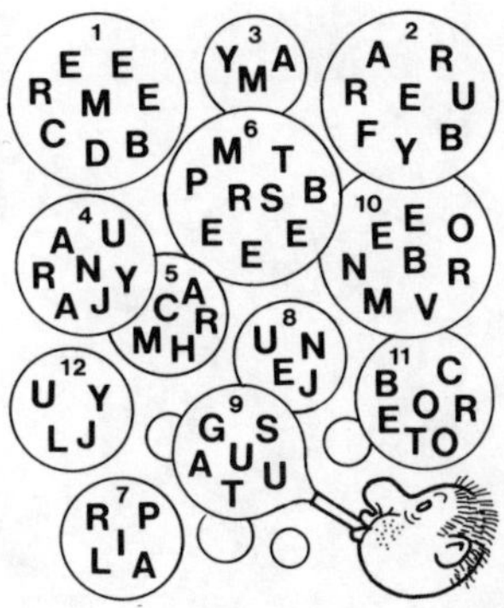

The Numbers

line 4: 19.. (1989)

Kannst du die folgenden Zahlen laut vorlesen und dann als Wort eintragen?

1	one	11		21	
2		12			
3		13		30	
4		14		40	
5		15		50	
6		16		60	
7		17		70	
8		18		80	
9		19		90	
10		20		100	

Bei den Jahreszahlen sagt man: 1989 → nineteen eighty-nine.

Probiere es selbst mit folgenden Jahreszahlen:

1953	1880	1490	1932	1513	1999	2000
...						

The Skyscraper

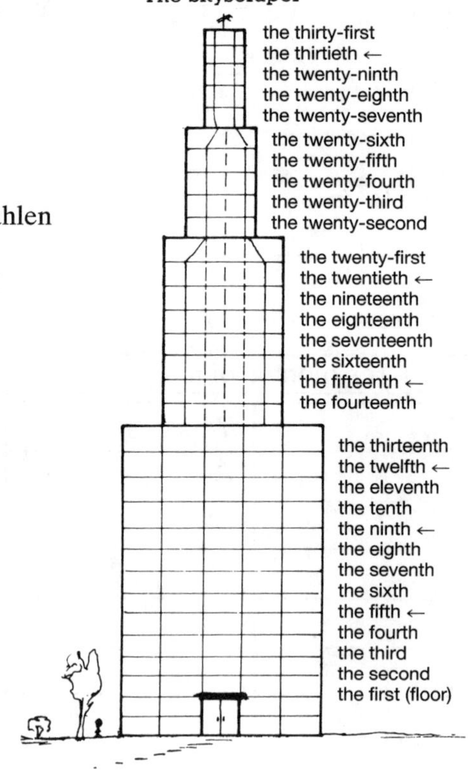

line 4: 2nd ...

Wiederhole die Ordnungszahlen anhand dieses Hochhauses. Achte auf die Schreibweise!

What's the date?

Arbeite mit deinem Partner: Einer hebt einen Tag mit Leuchtstift hervor, der andere nennt das Datum.

When's your birthday? Your brother's, sister's, uncle's etc. birthday?

Merksatz:	Wir schreiben:	1st June 1987
	Aber wir sagen:	The first of June nineteen eighty-seven
	Es ist aber auch möglich, das Datum so zu schreiben:	June 1st, 1987

What's the time, please?

line 16: She starts work at 7 a.m.
line 16: ... at 3.30 p.m.

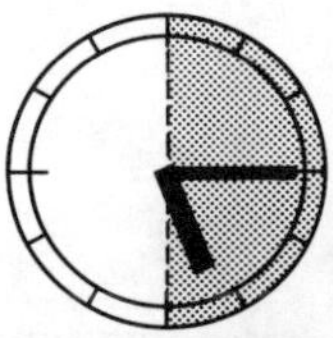

Ist der große Zeiger in der **rechten** Hälfte der Uhr, sagt man

past

Bei der halben Stunde: half past.

Ist der große Zeiger in der **linken** Hälfte der Uhr, sagt man

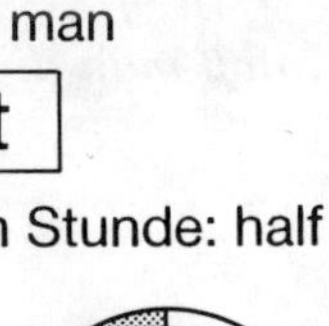

to

Arbeite mit deinem Partner: What's the time? Zeige dabei auf die Uhren! Schreibe die Uhrzeiten auf!

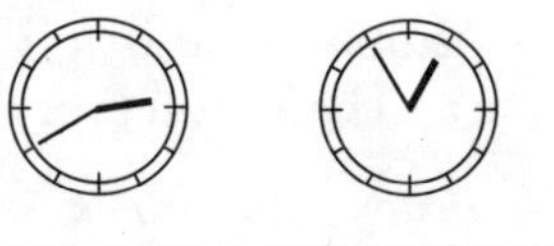

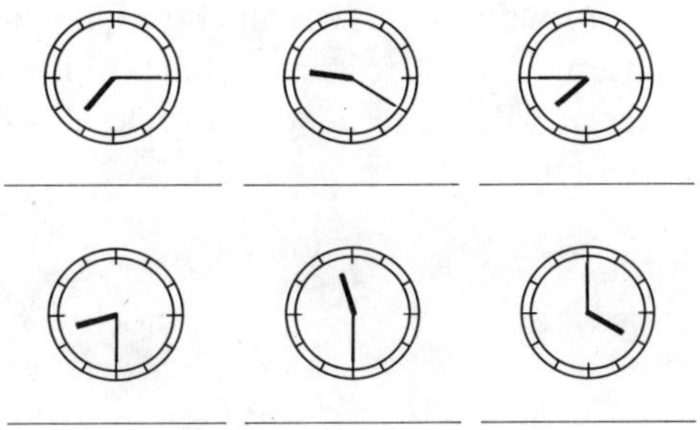

Schwierige Wörter

„live“ or „life“?
line 21: ... you live ...
Das Zeitwort „live“ wird [liv] ausgesprochen.
Es bedeutet: leben, wohnen.
Das Wort „life“ ist das Hauptwort zu „live“. Es wird [laif] ausgesprochen und bedeutet: das Leben.
Das auch im Deutschen oft auftauchende Fremdwort „Livesendung“ (Direktübertragung) kommt vom englischen Eigenschaftswort „live“, das [laiv] ausgesprochen wird. Es bedeutet: lebendig, lebhaft, auch aktuell.

„pupils“ or „people“?
line 23: ... pupils ...
Immer wieder wird „pupils“ mit „people“ verwechselt. „pupil“ wird [ˈpju:pl] ausgesprochen. Es bedeutet Schüler.
„people“ wird [ˈpi:pl] ausgesprochen. Es bedeutet Leute, Menschen und steht in der Mehrzahl; z.B. The people are here.

„write“ or „right“?
line 25: ... write soon.
Beachte den Unterschied:
I hope you write [rait] soon. (Ich hoffe, du schreibst bald!)
This text is right. All right. [rait] (Der Text ist richtig. In Ordnung.)
Die Aussprache ist gleich. Die Schreibweise unterschiedlich!
„write“ bedeutet: schreiben
„right“ bedeutet: recht, richtig; auch: das Recht

Expressions (Redewendungen)

So bedankt man sich für den Erhalt eines Briefes:
line 6: Thank you (very much) for your nice letter.

So drückt man einen Wunsch aus; so sagt man, daß man dies oder das tun möchte:
line 6: I want to ... (ich möchte, ich will ...)
Achtung! I want to come. (Ich will kommen.)
Nicht: I will come. („will“ drückt die Zukunft aus und bedeutet: Ich werde kommen.)

Sage, daß du	schwimmen radfahren laufen tanzen	möchtest.

Erkläre, daß dein Bruder/deine Schwester	Fußball spielen Handball spielen Milch trinken Comics lesen Musik hören	möchte.

So bittet man jemanden, etwas zu tun:
line 20: Can you tell me . . . ?

Bitte jemanden,	dir ein Photo zu schicken. dir eine Landkarte von England zu schicken. deinen Brief zu beantworten. deinem Bruder zu schreiben. deiner Schwester zu helfen. deiner Freundin | deinem Freund eine Postkarte zu schreiben.

Hinweis: Man sagt: Can you tell me something *about* your house? (über etwas sprechen)
Die Präposition muß hier *„about"* sein! „over" verwendet man dagegen in Sätzen wie folgendem: I walk over the bridge (Ich gehe über die Brücke.)

So fragt man, ob eine andere Person etwas hat, besitzt:
line 21: Have you got a room of your own?

Frage deinen Brieffreund/ deine Brieffreundin,	ob er/sie	ein Fahrrad ein Auto einen Teddybären eine Puppe (doll)	hat.

So kannst du diese Fragen beantworten:
Yes, I have. No, I haven't.

So fragst du, ob eine 3. Person etwas hat oder besitzt:
Has your father got a car?

Frage deinen Briefpartner,	ob sein Bruder ob sein Vater ob seine Schwester	ein Fahrrad ein Auto eine Gitarre einen Brieffreund ein Geschäft	hat.

So kannst du diese Fragen beantworten:
Yes, he has. No, he hasn't.

So drückt man Hoffnungen (Erwartungen) aus:

line 25: I hope you write soon. (Ich hoffe, Du schreibst bald.)
Andere Möglichkeiten:
Can | Could you answer soon?
I am looking forward to your letter.
Hoping to hear from you.

So beendet man einen Brief:

line 26: With best wishes.
Auch: With love and very many thanks from us both.
With kind regards and many thanks.
With best wishes for today and all the days to follow.

Grammar and Structures (Grammatik und Strukturen)

He, she, it – das „s" muß mit!

line 13: She like**s** Maths and History.
line 17/18: He work**s** in a factory.

Ergänze diese Satzanfänge:

Simple present:

I like ____________
you like ____________
! he like**s** ____________
she like**s** ____________

we like ____________
you like ____________
they like ____________

Achte auf das „s" nach „he" and „she"! Aber auch nach Namen wird ein „s" angehängt: Werner works, Susanne starts work, ... Dies gilt auch für „it". School (it) starts at ...

! Merke: he, she, it, das „s" muß mit!

So kannst du ausdrücken, wenn du etwas nicht magst:
line 14: I don't.
I *don't* like...

Likes and dislikes							
School subjects		Food		Drinks		Pop groups	
+	−	+	−	+	−	+	−

Schreibe Unterrichtsfächer, Speisen, Getränke und Popgruppen in die einzelnen Kästchen. Sage, welche du magst und welche du *nicht* magst.
Lies dann vor, was dein Partner geschrieben hat: He likes..., he *doesn't* like...; she likes..., she *doesn't* like...

So kannst du fragen:
line 14/15: Do you like...?
line 20: When does school start?

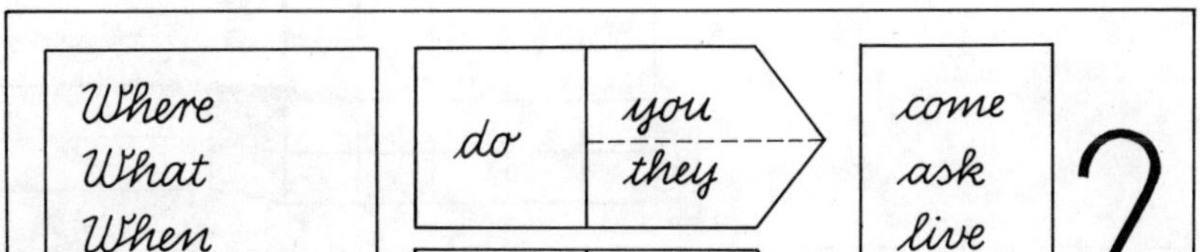

Wenn man richtig fragen will, muß man auch die *Fragewörter* sicher beherrschen:

who	wer
where	wo
which	welcher
what	was
when	wann
why	warum
how	wie

Lerne die Fragewörter auswendig!
Versuche, folgende zwei Rätsel zu lösen:

Jumbled Letters

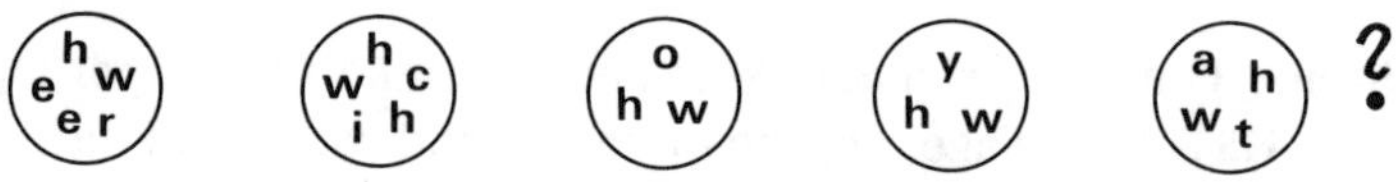

Lösung: ________ ________ ________ ________ ________

Deutsch: ________ ________ ________ ________ ________

Suche die Fragewörter und schreibe sie auf die Treppe!

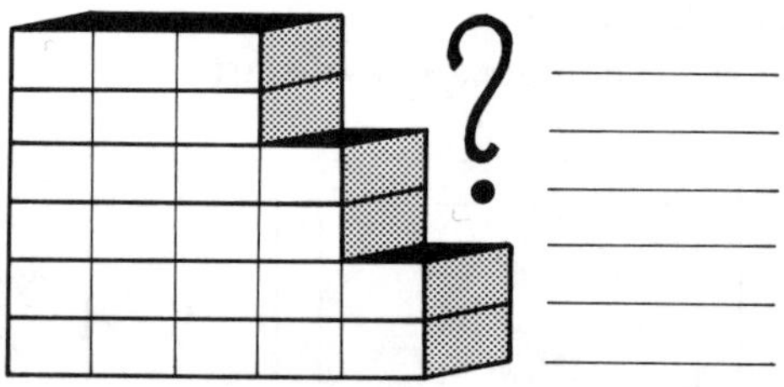

Frage deinen Briefpartner,
- wie er heißt.
- wo er wohnt.
- welche Hobbies er hat.
- wann er in die Schule geht.
- wer sein Deutschlehrer ist.
- warum er sich für ... interessiert.
- was er nach der Schule macht.

Spiele mit deinem Partner folgendes Gespräch:

Peter:	Susan:
Frage nach ihrem Namen.	
	Nenne deinen Namen und frage, wo die Klasse 2C ist.
Beantworte diese Frage.	
	Frage, wann die Schule beginnt.
Sage, daß sie um 9 Uhr beginnt. Frage, wo sie wohnt.	
	Beantworte dies.
Frage, warum sie umgezogen ist.	
	Erkläre, daß dein Vater eine Stelle bei einer Bank bekommen hat.
Frage, welche Bank es ist.	
	Sage, es ist die neue Bank in der London Street.

PART C: Text Production

Verfasse einen Brief folgenden Inhalts:

○ Bedanke dich für eine Postkarte aus England, die dir dein neuer Brieffreund Roger Southwell geschickt hat.

○ Erzähle von deinen Eltern und Geschwistern, z. B. wie alt sie sind, welchen Beruf sie ausüben, ob sie noch zur Schule gehen, welche Hobbies sie haben.

○ Bitte ihn, dir etwas über seine Familie zu erzählen.

○ Drücke abschließend deine Hoffnung aus, bald wieder etwas von ihm zu hören.

Verfasse einen Brief folgenden Inhalts:

○ Da dies der erste Brief an deine neue Brieffreundin Sally White in Schottland ist, mußt du dich ihr genau vorstellen: Name, Alter, Schule, Hobbies, Eltern, eventl. Geschwister. Lege ein Bild von dir bei! (I have enclosed a photo of me.)

○ Bitte sie, dir folgendes mitzuteilen:
- Wo sie lebt,
- ob sie die Schule mag,
- wann die Schule beginnt und aufhört,
- ob sie eine Schuluniform trägt,
- wie die Lehrer sind,
- welche Hobbies sie hat.

○ Grüße ihre Eltern und verabschiede dich.

5. Schuljahr

2. Baustein: A letter from England to Germany
John Harris antwortet auf den Brief von Michael Gerhardt.
Themen: Wohnung, Schule (auch in England), Farben, Haustiere

PART A: Letter

Text (Ausgangstext)

10 Royal Chase
Tunbridge Wells
Kent
23rd November, 19__

Dear Michael,

I am writing to thank you for your interesting letter. You asked me to tell you something about the house we live in. Well, it's a small council house in the centre of Tunbridge Wells. There are five rooms in our flat: the kitchen and the living-room are downstairs, the parents' bedroom and my room are upstairs. There is a small bath-room with a toilet, too. Our kitchen is rather large. We often sit there, talk or watch TV. Imagine the TV set is on the fridge, so it doesn't get too hot.

My room is rather small. It looks onto the main road, so it's often very noisy. There are lots of posters on the wall – most of them show British football clubs. Arsenal is my favourite team, you know. Are you interested in football, too? Perhaps you could write something about your hobbies. Besides football I like my pets very much. I've got a small cage for my hamster. His name is "Prince Ironheart". That's funny, isn't it? And there is a tank in my room, too. I've got twenty-seven toy-fish.

You asked me to tell you something about school in England. Well, it starts at 9 o'clock in the morning. First there *is an assembly in the hall. At about 9.20 lessons begin. My favourite subjects are Biology and French. Unfortunately we don't have German. Our teachers are all very friendly. I like Mrs Williams, our French teacher, best.*

Sorry, I must finish this letter now, because there's a football match between Arsenal and Liverpool on TV.

Give my regards to your parents,

Best wishes

John

P.S. We've got a new car, it's a green Vauxhall. My father really loves it, because it's so elegant. I like German cars better, but they are too expensive in England.

Comprehension (Verständnis)

Beantworte folgende Fragen. Bilde ganze Sätze:

- ○ Where does John live?
- ○ Which rooms are in his house?
- ○ Why is John's room so noisy?
- ○ What are most of the posters about?
- ○ What is John's favourite football team?
- ○ Write about John's pets.
- ○ Why is the name „Ironheart" funny?
- ○ When does school start in England?
- ○ Can you explain the word „assembly"?
- ○ What are John's favourite subjects?
- ○ Who is his favourite teacher?
- ○ Why does John finish his letter so abruptly?
- ○ Which car has Mr Harris got? (Do you know other British cars?)
- ○ Why does he love it so much?
- ○ Why didn't Mr Harris buy a German car?

PART B: Language

Vocabulary (Wortschatz)

Timetable/School Report

Hier siehst du den Stundenplan, den John Harris für seinen deutschen Brieffreund Michael Gerhardt beigelegt hat. Lies dir die einzelnen Unterrichtsfächer genau durch! Verstehst du alle Wörter?

Name: *John Harris* Class: 3S

	Mon	Tues	Wed	Thurs	Fri
9.00			Assembly		
9.20	Maths	History	French	Maths	Physics
10.00	French	Music	R.I.[1]	Geography	Physics
			Break		
11.00	Technical Drawing	Maths	Geography	Chemistry	English
11.40	Technical Drawing	Music	Swimming/ P.E.	Chemistry	French
			Lunch		
1.40	History	French	Biology	English	Music
2.20	English	Games	Biology	R.I.	Art
3.30	Maths	Games	Maths	French	Art

[1] Die Abkürzung R.I. bedeutet: Religious Instruction (Religionslehre)
Weitere Abkürzungen in Zusammenhang mit einem Stundenplan:
P.E. = Physical Education (Leibeserziehung)
D.S. = Domestic Science (Hauswirtschaft)

Versuche, anhand der Symbole den Stundenplan auszufüllen:

Timetable					
Time	M______	T______	W______	T______	F______
9.00	Registration and Assembly				
9.30	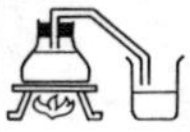		$\frac{4}{7}+\frac{1}{x}=\frac{19}{21}$ $\sqrt{13}$ x^2	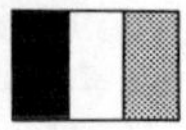	
10.15	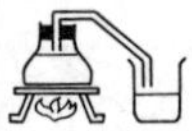		$\frac{4}{7}+\frac{1}{x}=\frac{19}{21}$ $\sqrt{13}$ x^2		
11.00	Morning Break				
11.15					
12.00		$\frac{4}{7}+\frac{1}{x}=\frac{19}{21}$ $\sqrt{13}$ x^2	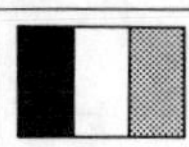		
12.45	Lunch Break				

An manchen Schulen wird das Zeugnis als Computerausdruck verteilt.
Fülle das Zeugnis mit deinen Noten aus!

COMPREHENSIVE SCHOOL	
NAME	CLASS
SUBJECT	MARK
MATHS	
GERMAN	
ENGLISH	
SCIENCE	
HISTORY	
GEOGRAPHY	
MUSIC	
ART	
R. I.	
SPORTS	
CLASS TEACHER	

Notenstufen in England:

very good ______________ 1
good ______________ 2
quite good ______________ 3
fair ______________ 4
poor ______________ 5
very poor ______________ 6

Hier kannst du eintragen, welche Unterrichtsfächer dir gefallen und welche du nicht magst.

The Hitparade of Subjects

Flat/Rooms/Furniture

line 9ff: rooms

Rooms	
the hall the kitchen the living-room the dining-room the children's room the bedroom the bath-room the toilet	**Flat**

Furniture
a bed / a cupboard / a shelf / a wardrobe / a writing-desk / a table / a chair / a chair / an armchair / a sideboard etc.

Benenne die Räume auf Englisch:

A Flat

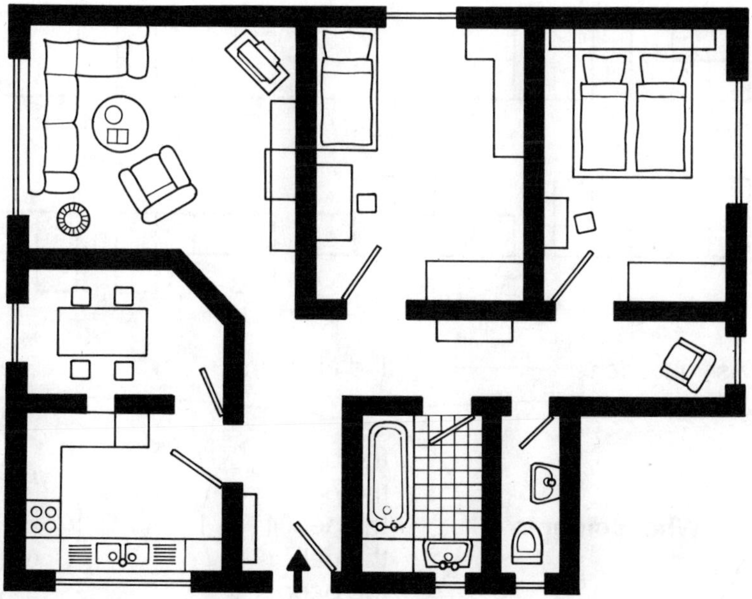

Benenne die Gegenstände in diesem Zimmer:

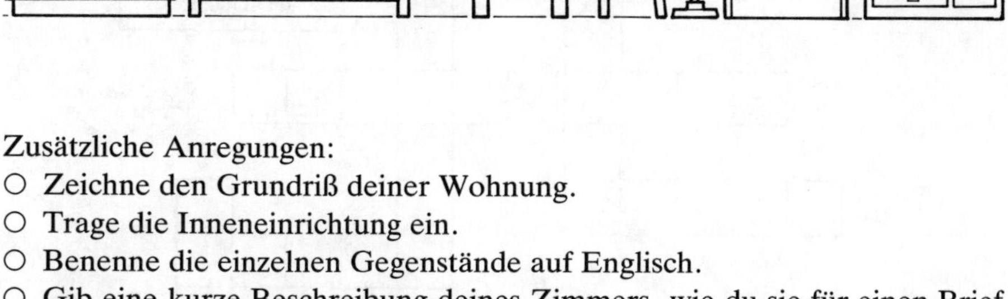

Zusätzliche Anregungen:

- ○ Zeichne den Grundriß deiner Wohnung.
- ○ Trage die Inneneinrichtung ein.
- ○ Benenne die einzelnen Gegenstände auf Englisch.
- ○ Gib eine kurze Beschreibung deines Zimmers, wie du sie für einen Brief verwenden könntest!

Which colours are these?

line 34: . . . green . . .

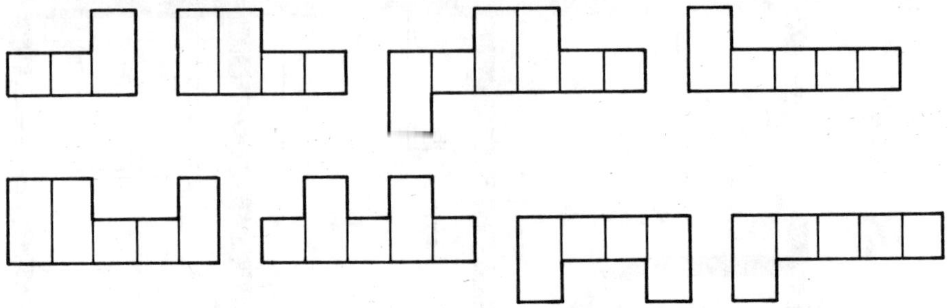

Ask questions ——— find answers:

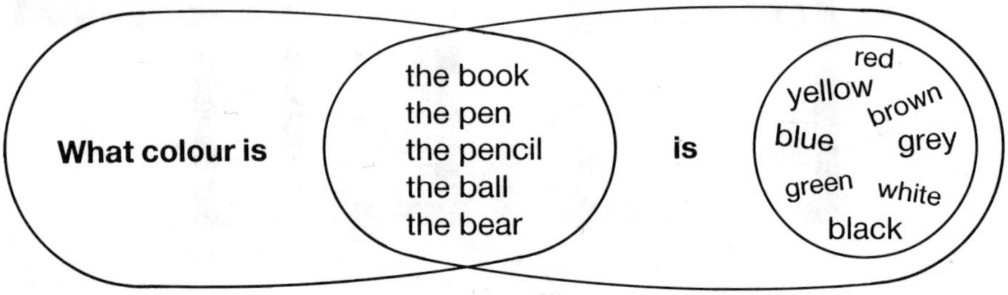

My favourite colours are:

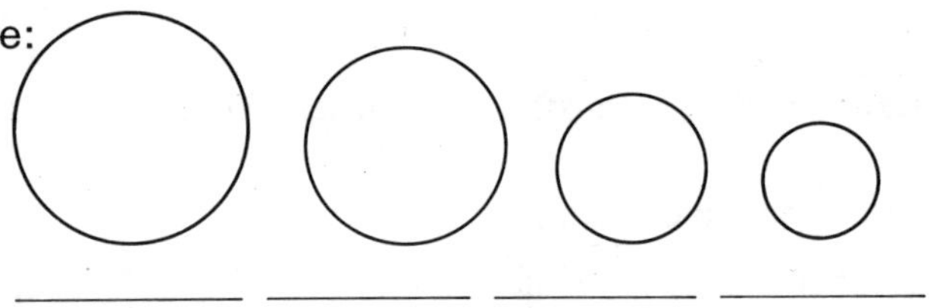

Crossword Puzzle

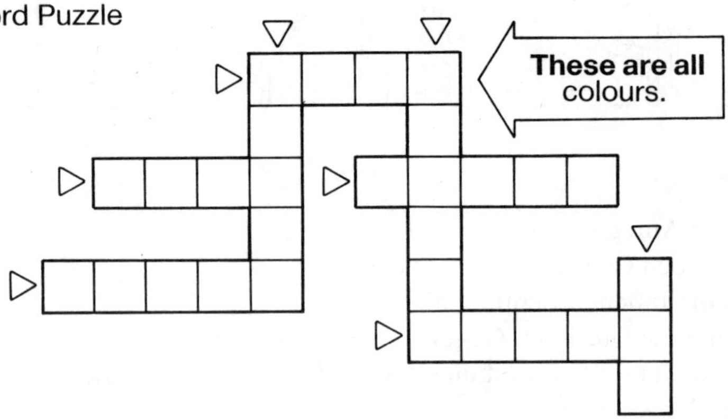

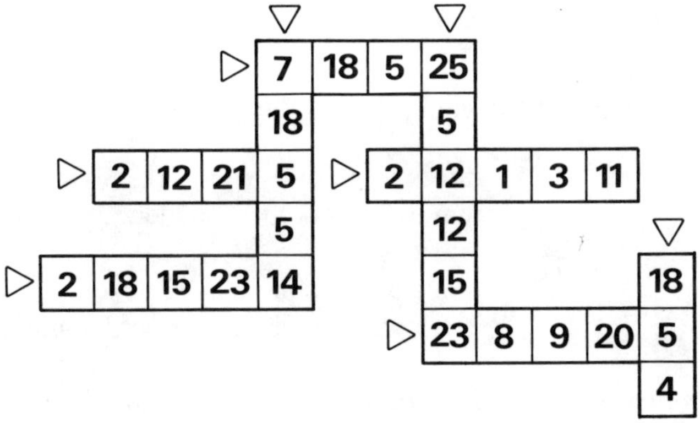

1			4									
A			D									

											25	
											Y	

Do you know these pets?

tortoise
hamster
cat
dog
guinea pig
rabbit
parrot

Expressions (Redewendungen)

So bedankt man sich:
line 6: I am writing to thank you . . .

Sage deinem Partner, daß du ihm schreibst, um	ihn zu fragen. ihm Briefmarken zu senden. ihm zu danken. ihm ein Bild von dir zu schicken. ihm etwas von dir und deiner Familie zu erzählen.

So drückt man aus, daß ein Brieffreund um etwas gebeten hat:
You asked me to tell you something about . . .

Dein Brieffreund hat dich gebeten,	ihm Briefmarken zu schicken. eine Landkarte (map) zu kaufen. etwas über deine Heimatstadt zu erzählen. von deinen Haustieren zu berichten. * dein Zimmer zu beschreiben.

So sagst du, was dein Lieblingsfach ist:
line 25/26: My favourite subjects are . . .

Sage, was dein(e) Lieblings-	haustier hobby fach schallplatte poster essen getränk	ist.

Du bedauerst, daß du den Brief beenden mußt:
line 29: Sorry, I must finish this letter . . .

So sendest du Grüße an die Eltern deines Briefpartners:
line 31: Give my regards to your parents.

Bitte deinen Briefpartner, Grüße an	seine Eltern seine Geschwister seine Tante seinen Onkel seine Schulklasse seine Freunde	auszurichten.

Grammar and Structures (Grammatik und Strukturen)

There is – There are

line 11: There is . . . line 9: There are . . .

Mit dem Satzanfang *„there is“* kann man ausdrücken, daß es etwas irgendwo *gibt.*

There are five rooms in our flat. (Es gibt 5 Zimmer in unserer Wohnung.)

Achtung: Niemals „es gibt“ mit „it gives“ übersetzen.

Zähle auf, welche Möbel und Gegenstände sich in deinem Zimmer, in eurer Wohnung befinden:

There is one . . . *(Einzahl)*

There are ten . . . *(Mehrzahl)*

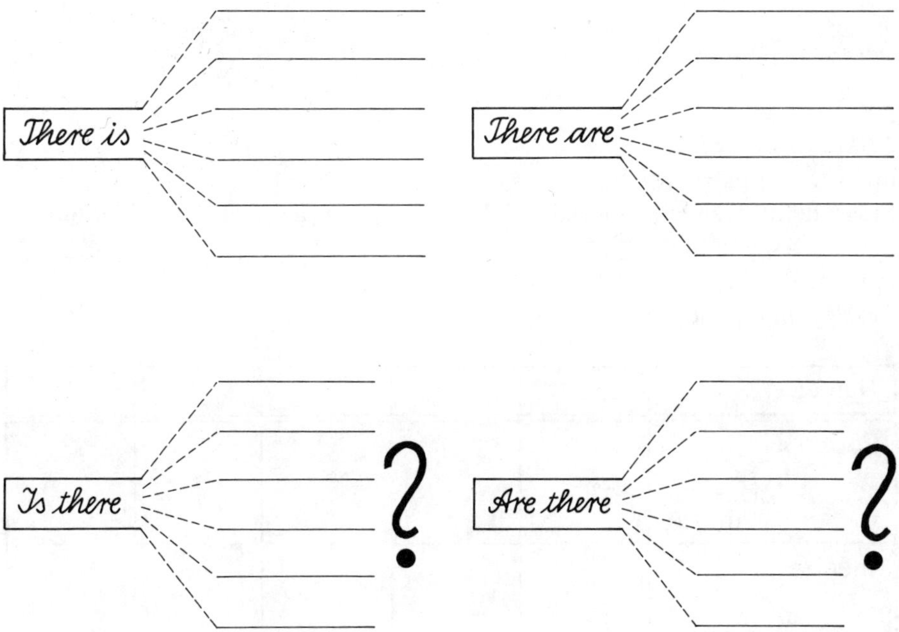

Wenn du fragen willst, ob es . . . gibt, sagst du:

Das ist einfach, weil man die beiden Wörter zur Fragestellung nur umdrehen muß!

Sports Centre

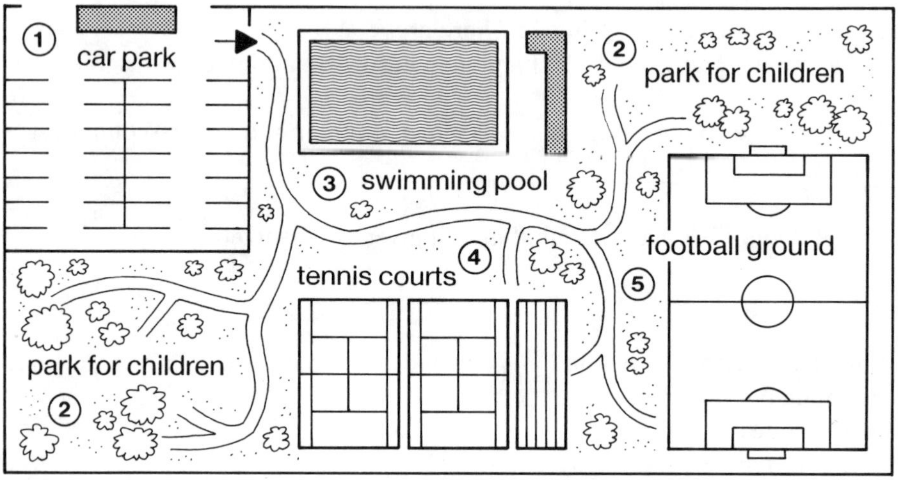

Sieh dir diesen Plan genau an. Erkläre, was es dort alles gibt.

Beispiel: There is a.../There are...

I like – I don't like

line 19: ...I like my pets...

Frage deine Klassenkameraden, ob sie „pop music" oder „classical music" mögen: Do you like...?

Antworte: I like..., but I don't like...

Trage Namen und Antworten ein!

Names					
Pop music / classical music					
theatre / cinema					
football / tennis					

pubs / restaurants					
news-papers / books					
records / cassettes					
Italian food / German food					

I am writing or I write?

line 6: I am writing . . .

Mit der -ing Form drückt man aus, daß eine Handlung gerade, jetzt, im Augenblick abläuft.

Die Signalwörter heißen:

just
now
at the moment
look, . . .

Mit der einfachen Gegenwart (Simple Present) drückt man aus, daß eine Handlung regelmäßig abläuft, gewohnheitsmäßig ist.

Die Signalwörter heißen:

always
usually
sometimes
often
never
every . . .

Setze die richtige Gegenwartsform ein:

1. (write) I . . . . this letter now.
2. (say) She always . . . .
3. (start) School . . . . at 9 o'clock every week-day.
4. (forget) Sometimes I . . . . to do my homework.

5. (clean) John . . . . his father's new car now.
6. (do) Look, he . . . . his homework.
7. (like) John . . . . his budgie.
8. (play) I never . . . . rugby.

Possessive pronouns (besitzanzeigende Fürwörter)
line 6: . . . for your interesting letter.
line 14: My room is . . .

Setze das besitzanzeigende Fürwort ein:

our	their	your
his	her	my

○ John Harris has lots of posters. . . . hobby is football.
○ He writes, ". . . favourite subjects are History and Biology. And what are . . . favourite subjects?"
○ He writes, "There are lots of posters on the wall – they are all about . . . favourite English football clubs."
○ John and his friends go to a Comprehensive School . . . Math teacher is very friendly . . . lessons are always very interesting.

Personal pronoun (Personalpronomen)
line 7: You asked me . . .

Setze das Personalpronomen ein:

her	them	you
us	him	me

○ I write John Harris; I send . . . a letter. Then he sends . . . a postcard.
○ We help old people; we help . . .
○ Can you write . . . (uns) a letter when you are in England?
○ Dear John, I want to ask . . . to send me some British stamps.
○ I know your mother is ill; can you give . . . these flowers, please?

PART C: Text Production

Verfasse einen Brief folgenden Inhalts:

- ○ Schreibe, daß du dich für den interessanten Brief aus England bedanken möchtest.
- ○ Schildere, wo du wohnst – Haus, Wohnung, Zimmer usw.
- ○ Bitte deinen Briefpartner, dir etwas von seiner Wohnung zu berichten.
- ○ Bedauere, daß du den Brief schon beenden mußt, aber du möchtest dir im Fernsehen... ansehen.

Verfasse einen Brief folgenden Inhalts:

- ○ Bedanke dich für eine Ansichtskarte aus England.
- ○ Schreibe über deine Schule:
  - – Wie sie heißt,
  - – welches deine Lieblingsfächer sind,
  - – ob die Lehrer freundlich sind,
  - – wie du in der Schule bist,
  - – ob du Hausaufgaben magst,
  - – daß du deinen Stundenplan beigelegt hast.
- ○ Richte an die Eltern des Briefpartners schöne Grüße aus.
- ○ Bitte ihn | sie, bald wieder zu schreiben.

6. Schuljahr

1. Baustein: A letter from Germany to England
Susanne Veiler schreibt ihrer Brieffreundin Aileen Smith.
Themen: Feste und Feiern, Nahrung, Körperteile

Part A: Letter

Text (Ausgangstext)

3rd July, 19__

Dear Aileen,

I am so sorry that I did not write earlier, but I broke my right arm last month when I fell off my new skateboard. It was a present given to me by some classmates on my twelfth birthday.

I want to tell you how it all happened. My birthday is on June 21st. In the afternoon three girls and four boys came to our flat by bus. At the front door they sang "Happy Birthday, dear Susi." – IN ENGLISH! We had a good time. We were dancing, eating hamburgers, drinking lemonade and orange-juice. We also listened to Michael Jackson's latest LP, played table-tennis in the dining-room and laughed a lot. At last I opened my present. It was a brand-new skateboard. I was so happy. "Try to stand on it", they all said and laughed. So we all went outside and I tried to stand on it – you know what happened? When Dr. Raab came he said, "I hope you don't have to stay in hospital too long. Your arm is broken." Fortunately it wasn't that bad. Now I'm all right again. But remember: Whenever you try to stand on a skateboard, it can be dangerous.

I told my classmates that I have a pen-friend in Great Britain. At school we discussed the question of your nationality. Is it British or English?

And what's more: I'd like to send you a birthday card, but I don't know when you were born.

I really hope you answer soon. Good luck for your next school exams.

Yours,

Susanne

P.S. In your last letter you wrote that you got a new mountain bike. What does it look like? May I ask you to send me a photo?

Comprehension (Verständnis)

Lies dir folgende Aussagen gründlich durch. Entscheide dann, ob auf der Ampel das rote Licht (the red light means „wrong") oder das grüne Licht (the green light means „right") leuchtet. Male mit Buntstiften aus!

Susanne Veiler broke her right arm last week.

At four o'clock she came home from school.

The children had a lot to eat and drink.

They danced and laughed a lot.

Then Susanne went into the dining-room and opened her present.

She had to stay in hospital for two weeks.

Beantworte diese Fragen; bilde ganze Sätze!
(Answer the following questions; make full sentences!)

1. How many pupils were at the party?
2. What did they do?
3. Did Susanne like her present?
4. What happened when she tried to stand on the skateboard?

5. Who came to Susanne Veiler's house?
6. What did he say?
7. What does Susanne want to know about Aileen's nationality?
8. Why does she ask Aileen about her birthday?
9. Why does she write: „Good luck"?
10. What did Susanne's pen-friend get recently?

PART B: Language

Vocabulary (Wortschatz)

a broken Arm

line 3/4: ... I broke my right arm ...

Zeichne eine lustige Figure und ordne die Körperteile zu: head | hair | ear | eye | nose | mouth | neck | arm | hand | finger | leg | foot |

Susanne's shopping list for her birthday-party

line 11/12: ... eating hamburgers, drinking lemonade and orange-juice.

Here is Susanne's shopping list:

_______ packets of peppermints
_______ packets of biscuits
_______ bottles of lemonade
_______ tins of peanuts
_______ paper cups
_______ paper plates
_______ packets of balloons
_______ bottles of orange juice
_______ sausages

Mutter hat Susannes Einkaufszettel irrtümlich zerrissen. Kannst du die Teile wieder verbinden? (Rechts bleiben zwei Sachen übrig!)

9 packets of	balloons
2 large tins of	biscuits
10 bottles of	paper plates and cups
3 bags of	lemonade / orange juice
2 packets of	peanuts
	peppermints

One day before Susanne's birthday party, Mother came into the kitchen: „How terrible! There is a worm in my kitchen", she cried. „It has eaten all the party food."
Kannst du dir denken, was der Wurm in Mutters Küche gegessen und getrunken hat?
Vielleicht fällt dir sogar ein Name für ihn ein.

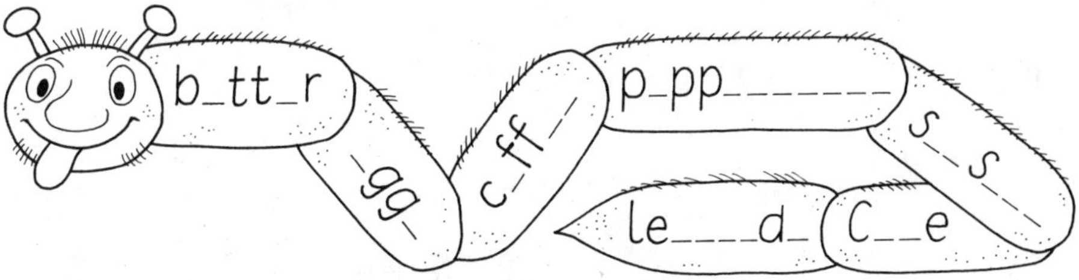

the present – to present

line 14: ... I opened my present.

Unterscheide die Betonung:	the présent –	I presènt a cake to him
	Beim Namenwort liegt die Betonung auf der ersten Silbe!	Beim Zeitwort liegt die Betonung auf der zweiten Silbe!

Vergleiche: I listen to my récords.
We recòrd music.
The new cassette-recórder was cheap.

to laugh – to love

line 16: ... and laughed.

Unterscheide:	to laugh – lachen	Aussprache: [la:f]
	to love – lieben	Aussprache: [lʌv]

Expressions (Redewendungen)

So schreibt man am Anfang eines Briefes, wenn man etwas sehr bedauert:

line 3: I am so sorry...

	daß er krank ist.
Schreibe deinem Partner,	daß er nicht nach Deutschland kommen kann.
daß du es sehr bedauerst,	daß sie nicht in das Konzert gehen konnte.
	daß sie eine schlechte Note in Geschichte hat.

So schreibst du, um auszudrücken, wie alles passierte:
line 7: ... how it all happened.

Schreibe, daß du	fragen willst, erzählen möchtest,	wie das alles passiert ist.

So berichtet man, wie man zu einem bestimmten Ort gelangt:
line 9: ... came to our flat by bus.
(Mit „to go by" wird „fahren" ausgedrückt.)

Beispiele:

Wie man Hoffnungen/Bitten ausdrückt:
line 18: I hope...
Mit dem Ausdruck „I hope" drückst du deine Hoffnung aus. Im Deutschen sagt man häufig: „hoffentlich".

Drücke deine Hoffnung aus, daß dein Briefpartner	bald antwortet. bald schreibt. bald nach Deutschland kommt. bald wieder gesund ist.

Transfer: We hope you are not afraid to stand on it.
(Hoffentlich hast du keine Angst, ...)

Sage, daß du keine Angst hast,	auf einem neuen Skateboard zu stehen. mit deinem Bruder nach England zu fahren. mit einem Krokodil (crocodile) zu spielen. einen Horrorfilm im Fernsehen zu sehen.

Wie man jemanden um etwas bittet:
line 32: May I ask you... (Darf ich Dich bitten...)

Du bittest deinen Brieffreund,	dir ein paar englische Briefmarken zu schicken. dir einen Urlaubsprospekt (brochure) zu übersenden.

Du bittest deinen Brieffreund,	dir etwas über seine Geburtstagsfeier zu erzählen. (tell) dir etwas über Sportvereine (clubs) in England zu erzählen.

Versuche, folgendes Gespräch mit deinem Partner in englischer Sprache zu führen:

A | **B**

A: Frage, wann Freds Party ist.

B: Nenne den Tag. (Wochenende)

A: Schlage vor, ihm zum Geburtstag einen Fußball zu schenken.

B: Sage, daß Fred nicht gerne Fußball spielt.

A: Drücke dein Bedauern aus. Frage, was er gerne spielt.

B: Erkläre, daß er gerne Tischtennis spielt.

A: Schlage vor, ihm einen Tischtennisschläger zu schenken.

* B: Sage bedauernd, daß Fred bereits vor einer Woche einen neuen Tischtennisschläger bekommen hat.

A: Schlage vor, ein Paar Sportschuhe zu kaufen.

B: Erkläre, daß Sportschuhe zu teuer seien. Sage, daß du gestern Tischtennisbälle gesehen hast. Sage, daß diese billiger seien als ein Paar Schuhe.

A: Stimme zu und verabschiede dich.

* Hinweis: Das Gespräch sollte für fortgeschrittene Lerner ab der 7. Jahrgangsstufe an dieser Stelle fortgesetzt werden.

So fragst du, wann jemand geboren wurde:
line 25/26: When were you born?

So fragst du, welche Staatsangehörigkeit jemand hat:
line 23/24: What is your nationality?

So fragst du, wie etwas aussieht, wie etwas beschaffen ist:
line 32: What does it look like?

	das neue Auto	
	das neue Rad	
	das neue Kleid	
Frage, wie	der neue Rock	aussieht | aussehen.
	die neuen Schuhe	
	die neuen Hemden	
	die neuen Strümpfe	

Grammar and Structures (Grammatik, Strukturen)

Simple Past
line 4: ... I broke my right arm last month ...
line 7: ... how it all happened.
Die Sätze stehen im *Simple Past* (1. Vergangenheit).
Merke dir folgende Signalwörter für diese Zeit: yesterday
last
... ago (vor)

An das Zeitwort wird *-ed* angehängt.
Wiederhole die unregelmäßigen Formen!
Bilde Sätze:

Persons	Activities	Time
I Tom He Carol She We They Tim and Mary	(play) (phone) (watch) TV (visit) (see) (!)	last Saturday / Sunday / April / May / summer / autumn / year yesterday the day before yesterday a | week | ago

Die Fragebildung im Simple Past

Question words		Activities	
When		play ________	
Where		swim ________	
What	**did** you	go ________	?
Why		help ________	
How often		work ________	
		do ________	

Steigerung der Eigenschaftswörter
line 3: ... I didn't write earlier...

Wiederhole die Steigerung der Eigenschaftswörter!
small – smaller – (the) smallest
large – larger – (the) largest
pretty – prettier – (the) prettiest
big – bigger – (the) biggest

Versuche, zu jeder Form der Steigerung ein Beispiel zu finden!

Unregelmäßige Form:
good – better – (the) best
(Siehe auch Steigerung der mehrsilbigen Adjektive: Seite 127.)
Beim Vergleichen sagt man: My sister is older than me.
! Nicht verwechseln mit: „then" – dann, danach

1. Who is the tallest?
2. Who is the shortest?
3. Compare (Vergleiche): Bob – Bill
Bill – Ethel
Bob – Ethel

have to – don't have to

Mit „have to“ wird ausgedrückt, was jemand tun muß.

Sage, daß du	einen Brief nach Großbritannien schreiben den Brief deines Partners in London beantworten deutsche und österreichische Briefmarken kaufen Briefumschläge (envelopes) holen deiner Mutter im Haushalt helfen ein Geburtstagsgeschenk für deinen Bruder kaufen	mußt.

line 18: . . . you don't have to . . .

Mit „don't have to . . .“ drückt man aus, was man *nicht* zu tun braucht, *nicht* tun muß.

Schreibe deinem neuen Briefpartner in Schottland,	daß er keine	Cassetten Schallplatten Bilder	kaufen muß.
		Landkarten Prospekte Fotos.	schicken muß.

Vorwörter (Prepositions)

Where is Ben? Versuche die richtige Präposition einzusetzen!

Put in:

between	in	on	under
behind	in front of	at	

line 9: At the front door...
Schaue dir folgende Bilder an und lies die Vorwörter!
(Look at the following pictures and read the prepositions.)

Do you understand the meaning of the prepositions?
Now make sentences like this: „UP" → He is going upstairs.
„ON" → She is standing on the book.

PART C: Text Production

Verfasse einen Brief folgenden Inhalts:

- ○ Bedauere, daß du nicht früher schreiben konntest, weil du krank warst.
- ○ Berichte über deine letzte Geburtstagsfeier:
  - – Wann dein Geburtstag war,
  - – wer eingeladen war,
  - – was du geschenkt bekommen hast,
  - – was ihr gegessen und getrunken habt,
  - – wie ihr den Nachmittag | Abend verbracht habt.
- ○ Frage deinen Briefpartner,
  - – wie alt er ist,
  - – ob er Geschwister hat,
  - – welche Staatsangehörigkeit er hat,
  - – was er in seiner Freizeit macht,
  - – ob er ein Skateboard hat.
- ○ Bitte ihn abschließend, bald zu antworten.

Ergänze diesen Lückenbrief anhand der unten gestellten Fragen!

> ______________________
>
> Dear, ______________________,
>
> Thank you very much for your letter. Let me tell you something about my way to school.
> (1) ______________________. Schools begins at (2) ______________________.
> (3) ______________________. (4) ______________________.
> ____
> ____
> (5) ______________________. (6) Then ______________________
> ______________________.
> (7) ______________________? Please answer soon.
> Best wishes
>
> ______________________

(1) Sage, wie du zur Schule kommst.
(2) Sage, wann die Schule beginnt.
(3) Sage, wann der Bus usw. abfährt. (Wenn du zu Fuß gehst: Sage, wann du das Haus verläßt: I leave my home...)
(4) Beschreibe den Weg von zu Hause zur Bushaltestelle. (Wenn du zu Fuß gehst: Beschreibe den Weg von zu Hause zum Schulgebäude.)
(5) Sage, wann die Schule aus ist (School finishes at...)
(6) Sage, wie du nach Hause kommst.
(7) Frage deinen englischen Brieffreund, wie *er* zur Schule kommt.

6. Schuljahr

2. Baustein: A letter from England to Germany
Aileen Smith beantwortet Susanne Veilers Brief.
Themen: Tagesablauf, Freizeitbeschäftigung

PART A: Letter

Text (Ausgangstext)

28 th July, 19__

Dear Susanne,

Thank you very much for your nice letter. Your English is very good indeed. I only know a few words in German: Auf Wiedersehen, Guten Tag, ich heiße... I hope you are all right again. Can you do your homework?

First of all I want to answer your questions: I am thirteen years old and my birthday is on 24th December. I'd prefer to have a birthday in June, too, but ...

We live in Hereford, an old English town. I like it very much. Look at the photo. It's a distant view of our cathedral. The River's name is Wye - why? - I don't know.

You also asked me to tell you something about my nationality. Well, I'm English and British, because Hereford is in England and England is a part of Great Britain. Perhaps that's a bit difficult to understand for someone who doesn't live here.

In one of your letters you asked me to write about a normal day in my life. Well, I usually get up at a quarter to seven. Then I have breakfast with my Mum. My father has to go to work at 6 a.m. Then I go to school by bus. We normally have lessons till 4 p.m. That's rather long.

In my free time I often ride my new bike. It's pink and blue. Unfortunately I haven't got a photo of it. I like watching TV.

My favourite programme is "The Pink Panther". Do you know those films, too? Sometimes I read comics (even at school!) or listen to pop music. By the way, do you know the British group "Depeche Mode"? I collect all their records.

Perhaps I am going to start a judo course. I know my parents will never allow such sports. "That's nothing for young girls," my father says. My friend Julia is going to join the judo club, too. Sometimes I can't understand my parents.

It's half past ten and I have to go to bed now. Give my regards to your parents.

Yours,

Aileen

Comprehension (Verständnis)

Als Susanne den englischen Brief noch einmal lesen will, kann sie dies nicht tun, weil ihr kleiner Bruder ihn zerrissen hat. Kannst du ihn wieder zusammensetzen?

I only know	my father and mother.
I was born	a judo course.
My nationality is	a few words in German.
I've got	comics.
I usually get up	in Hereford, England.
In my freetime I	at a quarter to seven.
Sometimes I read	English.
I am going to start	a new bike.
Sometimes I can't understand	watch TV.

Kannst du diese Fragen beantworten? (Can you answer these questions?)
- ○ Is Aileen good at German?
- ○ How old is she? (When's her birthday?)
- ○ What does her father say about the judo course?
- ○ And what does Amelia's father say?
- ○ Would you like to go to a judo course?
- ○ Would you like to live in Hereford? (Look at the photo!)

Hereford: a distant view of the cathedral across the River Wye

PART B: Language

Vocabulary (Wortschatz)

Mengenangaben
line 4: . . . a few words . . .
a few – ein paar . . . (a small number)
few – wenig(e) . . . (not many)

Weitere Mengenangaben:
many letters (Mehrzahl), *aber:* much money (Einzahl)
Questions:

How many letters did you write?	*How much* money did you spend on stamps and envelopes?

A *lot of* people were at the football match. (Viele, eine Menge)

Some letters are very interesting. (Einige . . .)

Few people speak Russian. (Wenige Leute sprechen Russisch. – Mehrzahl!)	He knows *little* Latin. (Er kann wenig Latein. – Einzahl!)

to make – to do
line 5/6: Can you do your homework?
to do one's homework (Hausaufgaben machen)

to make:	*to do:*
She made the beds.	Do exercise 5 on page 45.
Don't make so much noise!	I did the shopping for you.
He always makes a lot of mistakes.	I can't do any more work.
He made a lot of money in New York.	He did a lot of jobs about the house. (Arbeit verrichten)
*He always makes trouble.	Do me a favour please! (Erweise mir einen Gefallen!)
*He has made progress.	
*Make up your mind.	

watch – look – see

line 23: to watch TV

Die Übersetzung des deutschen Wortes „fernsehen" bereitet immer wieder Schwierigkeiten. Die einzige richtige Übersetzung heißt: I watch TV.

Verwende „watch", „look" und „see" richtig:

We watched the football match.	Wir schauten uns das Fußballspiel an; wir beobachteten die Spieler.
We saw miles and miles from that hill-top.	Wir sahen meilenweit von jenem Hügel.
He looked at me and said, „Are you ill?"	Er schaute mich an und sagte: „Bist du krank?"

till/until – from...to – by

line 21: ... lessons till 4 p.m. (Unterricht bis 16.00 Uhr)

„Till" oder „until" können ohne großen Unterschied verwendet werden:

I will wait till Monday,

... until now ...,

„from ... to"

I go to school from Monday to Friday.

„By" bedeutet ‚bis' im Sinne von: nicht später als, so bald wie möglich.

By 6 o'clock (bis 6 Uhr)

Expressions (Redewendungen)

I only know

line 4: I only know... (Ich weiß nur, ich kenne nur...)

Schreibe, daß du nur	wenig Englisch kannst. ein paar Wörter kennst. wenige Amerikaner kennst. wenig über Hereford weißt.

So schreibst du, wenn du auf eine Frage deines Briefpartners antworten und eingehen willst:
line 17: . . . you asked me to write about . . .

Du gehst auf eine Anfrage deiner Brieffreundin ein und erzählst ihr	etwas über	einen Tag in deinem Leben.
		deine Freizeit.
		deine Lieblingsfächer in der Schule.
		deine Heimatstadt.
		deine Staatsangehörigkeit.
		deine Lieblingsmusikgruppe.
		deine Schallplatten.

„Well“
line 14: Well, . . .
„Well“ wird hier verwendet als eine Art Auftakt, um eine Aufzählung zu beginnen.
„Well“, am Satzanfang stehend, kann aber auch

– Erstaunen,	Well, I would never have guessed it!
– Erleichterung,	Well, here we are at last!
– Verständnis und Zustimmung	Well, you are right. Well, yes.

ausdrücken.

I think – I don't think
So beginnt man einen Satz, wenn man sagt: Ich denke, ich glaube . . .
I think that's a good idea. (Ich denke, das ist eine gute Idee.)

So kann man jemanden widersprechen: I don't think so.

Sage, du vermutest, / Sage, du glaubst nicht,	daß	Aileens Vater in einen Judokurs geht.
		Susanne eine gute Schülerin ist.
		Amelia sich für Judo interessiert.
		Hereford eine schöne Stadt ist.
		Susanne gerne ihre Hausaufgaben macht.
		Aileen gerne mit ihrem neuen Fahrrad fährt.
		Susanne in der Schule manchmal Comics liest.
		Susanne die Gruppe „Depeche Mode“ kennt.
		Susanne gerne fernsieht.

Grammar and Structures (Grammatik und Strukturen)

going to start

line 28: Perhaps I am going to start a judo course.

Mit *„going to“* + Verb (Zeitwort) wird ausgedrückt, daß etwas in der Zukunft geschieht. Durch den Gebrauch von „going to“ wird die gegenwärtige Absicht bzw. Entschlossenheit betont.

Beachte folgende Signalwörter: tomorrow
the day after tomorrow

next
- week
- month
- year
- Saturday | Sunday…
- autumn…
- April | May

Zeitbestimmung	Person		Tätigkeiten
Tomorrow	I am he is she is	**going to**	write a… play sing
Next	we are they are		buy

„Are you going to . . . ?“

Frage deinen Brieffreund, ob er	nächste Woche nächstes Jahr morgen übermorgen	nach Deutschland reisen in England bleiben anrufen Briefmarken besorgen (buy) in die Schule gehen	wird.

Sage, daß jemand etwas nicht tun wird.

Beispiel: I am *not* going to play tennis in winter.

Schreibe deiner Brieffreundin in England,	daß du nächstes Jahr nicht	nach Hereford fahren bei ihren Eltern wohnen mit ihr radfahren mit ihr schwimmen mit ihr in die Disko gehen	wirst.

Beachte folgenden Unterschied:
I am going to play tennis. (Ich werde Tennis spielen.)
I am going to the tennis court. (Ich gehe gerade zum Tennisplatz.)
(Nach „going to" steht „the tennis court" – ein Hauptwort; also bedeutet „going to" „gehen".)
Die Verbindungen „going to come" and „going to go" werden meist vermieden!

PART C: Text Production

Verfasse einen Brief folgenden Inhalts:
○ Bedanke dich für die Postkarte deines Briefpartners.
○ Frage ihn | sie, wie es ihm | ihr geht.
○ Beantworte folgende Fragen deines Brieffreundes
  – nach dem Alter,
  – nach der Staatsangehörigkeit,
  – nach deinem Wohnort (Größe; Sehenswürdigkeiten usw.),
  – nach deinem Fahrrad.
○ Schließe deinen Brief. Schreibe, daß du morgen schwimmen gehen wirst.
○ Erkläre, daß du hoffst, bald eine Antwort aus England zu erhalten.

Verfasse einen Brief folgenden Inhalts:
○ Beginne deinen Brief und sage, daß du nur sehr wenig Englisch kannst.
○ Gehe auf eine Anfrage deines Brieffreundes | deiner Brieffreundin ein und erzähle etwas über:
  – deine Lieblingsfächer in der Schule,
  – deine Lieblingspopgruppe,
  – einen Tag in deinem Leben. (Hinweis: Beginne am Morgen, schildere den Tagesablauf.)
○ Sage, was du diese Woche noch alles vorhast.
○ Erkläre, daß du in einem Monat nach ... fahren wirst.
○ Sage, was du an deinem Urlaubsort tun wirst.
○ Schließe den Brief und verabschiede dich.

7. Schuljahr

1. Baustein: A picture postcard from Switzerland to Germany

Karen Sullivan aus London schreibt ihrer Brieffreundin Anne-Sophie Milerski in Berlin eine Ansichtskarte von ihrem Urlaubsort in der Schweiz.

Themen: Urlaub und Reisen, Wetter, Sport

PART A: Letter

Text (Ausgangstext)

GRINDELWALD
Eigernordwand 3970 m

6 / 12 / __

Dear Anne-Sophie,

Greetings from Grindelwald in Switzerland. My parents and I are staying in a big hotel. All the guests are much older than me. I'm the only young person here. If the weather is fine I'll go skiing this afternoon. I like skiing, but I prefer ice-skating.
We'll be back to England soon.
Could you write again? Why don't we go skiing together next year? I'd love to.

LOVE from

Karen

Fräulein
Anne-Sophie Milerski
Dihlmannstr. 10

D-1000 Berlin 13
Federal Republic of
Germany

Comprehension (Verständnis)

Im folgenden Gespräch zwischen Anne-Sophie und ihrer Mutter fehlen einige Antworten. Kannst du sie ergänzen?

Frau Milerski: Wer hat denn geschrieben?

Anne-Sophie: ______________________________

Frau M.: Wo verbringt sie ihren Winterurlaub?

A.-S.: ______________________________

Frau M.: Was macht sie im Winterurlaub, wenn das Wetter schön ist?

A.-S.: ____

Frau M.: Wann fahren sie wieder nach England zurück?

A.-S.: ____

Mama, was hältst du davon, wenn______________________________

____?

PART B: Language

Vocabulary (Wortschatz)

Nachbarländer der Bundesrepublik
line 3/4: ... in Switzerland

Kennst du die Nachbarländer der Bundesrepublik Deutschland?
Austria
Czechoslovakia
German Democratic Republic
France
Luxemburg
Belgium
The Netherlands
Denmark

Aufgabe: Zeichne die Umrisse der Bundesrepublik Deutschland auf einen großen Bogen Papier. Trage dann die Nachbarländer ein. (Hänge die fertige Karte gut sichtbar im Klassenzimmer oder zu Hause auf!)

tomorrow's weather
line 7: If the weather is fine...
Lies dir folgenden Wetterbericht für Europa durch!

Germany: Mostly cloudy. Rain at times. Dry by the evening.
Switzerland: Sunny with fresh winds.
England and Wales: Rain all day.
France: Dry but perhaps stormy in the evening.
Spain: Dry and sunny all day.

Schreibe die Eigenschaftswörter (Adjektive) heraus, die alle eine bestimmte Wetterlage beschreiben. Kannst du die deutsche Entsprechung finden? (z.B. sunny – sonnig)

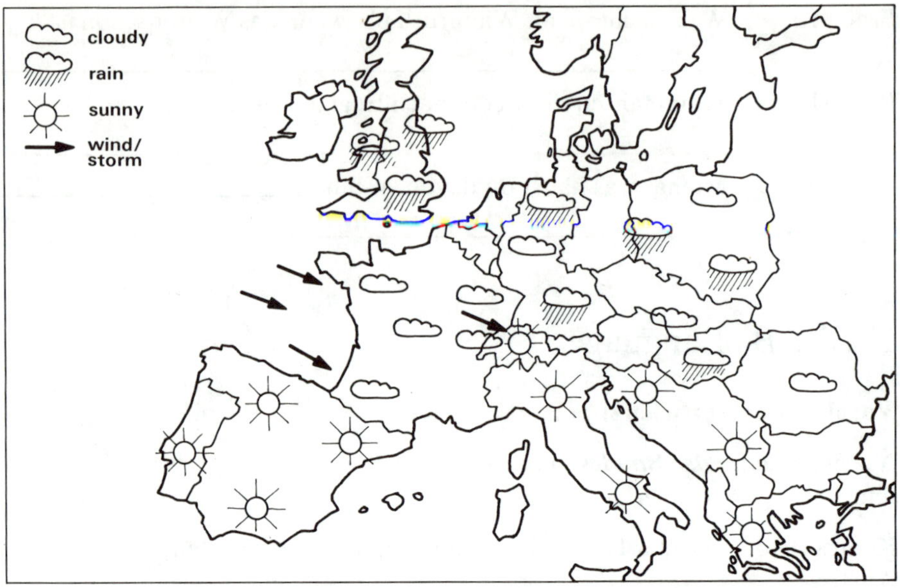

Wenn man einen Brief schreibt, erwähnt man oft das Wetter.
Schau dir folgende Bilder an:

Expressions (Redewendungen)

Let's talk about the weather!

Die folgenden Sätze stammen alle aus Briefen und Postkarten. Es sind verschiedene Möglichkeiten, um über das Wetter zu schreiben. Kannst du sie vervollständigen? (Setze dabei die Wörter der vorhergehenden Bilder ein!)

○ Today it is ________________ and ________________.

○ The weather in Grindelwald is ________________. (Look at the text!)

○ Yesterday it was ________________.

○ Last weekend it was ________________.

○ It has been ________________ for the last four days.

○ We have had a lot of ________________ this summer | winter.

○ Unfortunately we haven't had much ________________ this year.

○ I hope it'll be ________________ tomorrow.

○ We hope it'll be ________________ next week.

(Setze entsprechend der Wettersituation ein! Versuche dir möglichst viele Satzanfänge für deine eigenen Briefe und Postkarten zu merken!)

greetings from
line 3: Greetings from... (Grüße aus...; ein für Postkarten üblicher Anfang)
to send greetings from...

I love – I like
line 8/9: I like skiing, but I prefer ice-skating.
Mit folgenden Zeitwörtern (Verben) drückt man aus, daß man etwas gerne tut: I love... (horse-riding)
I like... (skin-diving)

Man sagt: I like — swimming.
roller-skating.
diving.
playing.
etc.

Beachte, daß an das Zeitwort ein **-ing** angehängt wird.
Zähle weitere Sportarten auf!

Stelle eine Hitparade deiner Lieblingssportarten zusammen!

So drückt man Gleichgültigkeit aus:
I don't mind... (watching ice-hockey on TV.)

So drückt man Vorlieben aus:
I prefer... (fishing)

So drückt man Ablehnung aus:
I don't like/love...
I hate... (wrestling)
I can't stand... (boxing)

Sprich über folgende Themen:
○ Sports (siehe Vocabulary)
○ Hobbies
○ Animals
○ School subjects

Erstelle dabei Listen wie im Beispiel oben mit den Sportarten!

So bittet man seinen Briefpartner um einen Gefallen:
line 11: Could you write again?
Merke dir auch folgenden Ausdruck: Please write again.

Bitte deinen Briefpartner,	bald zu antworten. bald wieder zu schreiben. britische Sondermarken zu schicken. ein englisches Taschenbuch („Sherlock Holmes“) zu senden. die neue Musicalplatte von Andrew Lloyd Webber zu schicken. Ansichtskarten von London zu schicken. einen Prospekt von Südengland und der Isle of Wight beizulegen. (enclose)

So macht man seinem Briefpartner einen Vorschlag:

line 11/12: Why don't we go skiing ...?
Merke dir auch folgende Ausdrücke:
Let's go skiing.
What about skiing?

Unterbreite deiner Freundin/ deinem Freund den Vorschlag, zusammen	ins Kino ins Theater ins Hallenbad ins Freibad ins Museum in den Park	zu gehen.
	radzufahren. Ski zu laufen. Schlittschuh zu laufen. zu reiten. zu segeln.	

Auf diese Vorschläge reagiert man so:

(Yes), I'd love to, but... (Ja, ich würde schon gerne, aber...)
auch: All right, but I must...
Du liest die Vorschläge vor, dein Partner reagiert entsprechend darauf.
Beispiel: You: „Why don't we go ice-skating together?“

Stimme zu. Sage aber, daß du zuerst	deine Hausaufgaben machen deiner Mutter in der Küche helfen das Auto deines Vaters waschen dein Fahrrad reparieren zum Zahnarzt gehen usw.	mußt.

Grammar and Structures (Grammatik und Strukturen)

Einfache Zukunft (Simple Future)

line 10: We'll be back to England soon.

Mit der „Einfachen Zukunft“ (Simple Future) werden Handlungen ausgedrückt, bei denen oft der genaue Zeitpunkt noch nicht festliegt. (Im Deutschen meist Gegenwart → Wir fahren bald nach England zurück.)

Ein Satz wie: „We'll visit you when we are in Berlin“ drückt auch eine Art Versprechen aus.

I will → *I'll* Verneinung: I will not → I won't

Versprich, daß du	natürlich zur Geburtstagsfeier kommen es nicht deiner Mutter erzählen natürlich die neuen Vokabeln für den Test lernen die Geschichte nicht deiner älteren Schwester erzählen natürlich den letzten Brief von John Miles beantworten nicht die Polizei anrufen natürlich drei Sondermarken beilegen nicht alleine ausgehen um 10 Uhr wieder zu Hause sein	wirst.

Wie unterscheidet sich die Form mit „will“ von der Zukunft mit „going to + Verb“?

„going to + Verb“ wird meist für nahe bevorstehende Handlungen gebraucht. Damit wird gewöhnlich eine *Absicht* ausgedrückt. Teacher: „I'm going to dictate this text.“

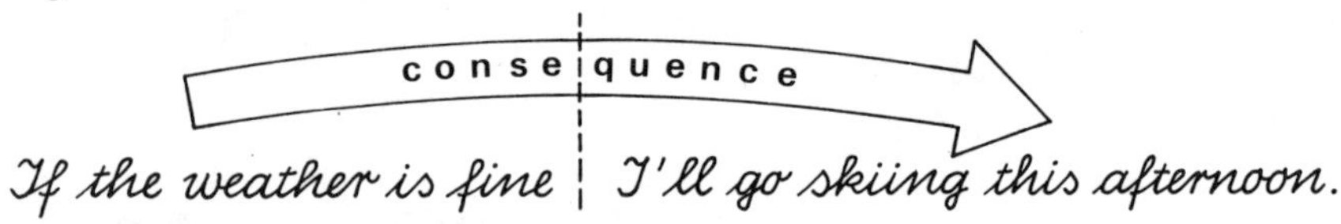

Wenn das Wetter schön ist, werde ich heute nachmittag Ski laufen.

Im Nebensatz (if-Satz) steht die Einfache Gegenwart (Simple Present), im Hauptsatz die Einfache Zukunft (Simple Future). Hier wird die Abhängigkeit von zwei Handlungen zum Ausdruck gebracht.

Versuche jetzt, zehn ähnliche Sätze nach folgendem Muster zu bilden. Verwende die Vokabeln auf S. 76.

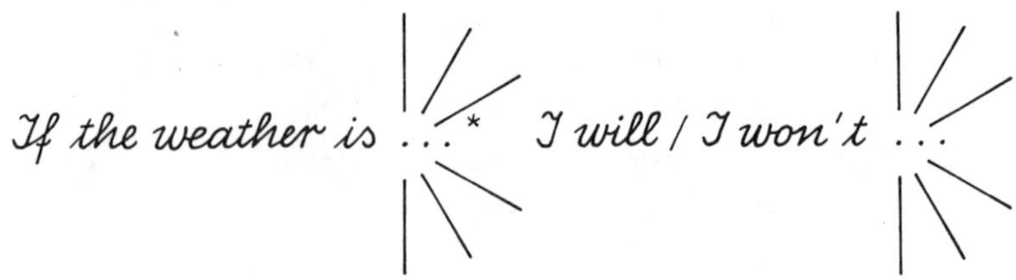

PART C: Text Production

Schreibe eine Postkarte folgenden Inhalts:

- ○ Erzähle, daß du mit deinen Eltern nach Italien gefahren bist. (We went...) Grüße deine englische Brieffreundin Laureen Manson, 61 Bournemouth Street, Folkstone, Kent.
- ○ Berichte,
  - – wie das Wetter in den letzten Tagen war; wie es heute ist,
  - – was du machen wirst, wenn es heiß bleibt,
  - – wann du nach Deutschland zurückkehren wirst.
- ○ Versprich, bald einen Brief zu schreiben.
- ○ Unterbreite den Vorschlag, im nächsten Jahr gemeinsam Urlaub zu machen.
- ○ Grüße auch ihre Mutter.

Schreibe deinem Brieffreund Hal Budley aus Raleigh im US-Staat North Carolina folgende Postkarte:

- ○ Deine Klasse verbringt Skiferien in Seefeld/Tirol. Schildere,
  - – was ihr jeden Tag macht,
  - – wie das Wetter ist,
  - – wie es dir gefällt.
- ○ Sage, daß ihr in drei Tagen wieder nach Deutschland zurückfahren werdet.
- ○ Bitte deinen Briefpartner, bald wieder zu schreiben und ein paar Bilder/ Prospekte usw. von Raleigh beizulegen.
- ○ Grüße seine Eltern und Geschwister.

7. Schuljahr

2. Baustein: A letter from England to the United States of America
Sam Curtis aus Frederick, Maryland, USA, schreibt seiner Schwester einen Brief über seinen ersten Aufenthalt bei ihrem gemeinsamen Onkel Ted McGinley in London.

Themen: Sehenswürdigkeiten in London, Einkaufen

PART A: Letter

Text (Ausgangstext)

2nd August, 19_

Hi Pam,

I have been here in London for ten days now and still I haven't written to you. I am sorry, but you know I'm not very keen on writing long letters.

I am staying in uncle's semi-detached house in East Finchley. He is as nice as ever. I like him and I think he likes me, too.

We've already seen some of the famous places of interest. We have been to the Tower of London, where we saw the Crown Jewels – I tried to get a jewel for you Pam, but it was impossible. We have also been to the Houses of Parliament, Westminster Abbey, St. Paul's Cathedral and Buckingham Palace. Unfortunately I haven't met Her Majesty yet. I heard she is in Scotland at the moment.

The day before yesterday we went to London Zoo – oh, it's really one of the best zoos I have ever seen! I have enclosed a brochure for you. I was fascinated, I can tell you.

Yesterday I wanted to buy a typical British T-shirt, because I like the Union Jack so much. After a one-hour-search I found a clothes shop near Trafalgar Square. At last! I went in and asked about a shirt. You won't believe what the girl said, "We haven't got any Union Jack T-shirts, but what about one with Stars and Stripes?"

I am afraid I'll have to close now. Uncle Ted has just come in with two tickets for the cinema tonight. The film "Dirty Dancing" is on.

Give my love to Mum and Dad, too.

Lots of Love,

Sam

NB I have enclosed an advertisement for you. I know you like these T-shirts! And look at the LONDON ZOO prospectus!

Comprehension (Verständnis)

Kreuze die richtige Aussage an. (Auch mehrere Kreuze sind möglich!)

Multiple Choice

☐ Sam likes writing letters.
☐ Sam never writes long letters.
☐ Sam does not like writing letters.

☐ Sam's uncle lives in London.
☐ Sam's uncle lives in Finchley.
☐ Sam's uncle lives in Frederick, Maryland.

☐ Sam wants to go to the zoo tomorrow.
☐ Sam wants to go to the waxworks tomorrow.
☐ Sam wants to go to the Tower tomorrow.

Schüttelquadrate

Try to make sentences – do not refer to the letter until you finish the exercise:

We've interest places famous of seen already of some the

____
____
____

The the yesterday went before we to zoo day

____
____

have been to Palace also
We Buckingham

British Yesterday I to
very I a
because Union wanted T-shirt
like much
Jack the
buy typical

Fragen zum Text:

In the letter Sam writes: „After a one-hour-search I found a clothes shop. At last!“ Zeige den Weg von East Finchley zum Trafalgar Square (Charing Cross). Markiere Sams Fahrt mit der Untergrundbahn farbig.

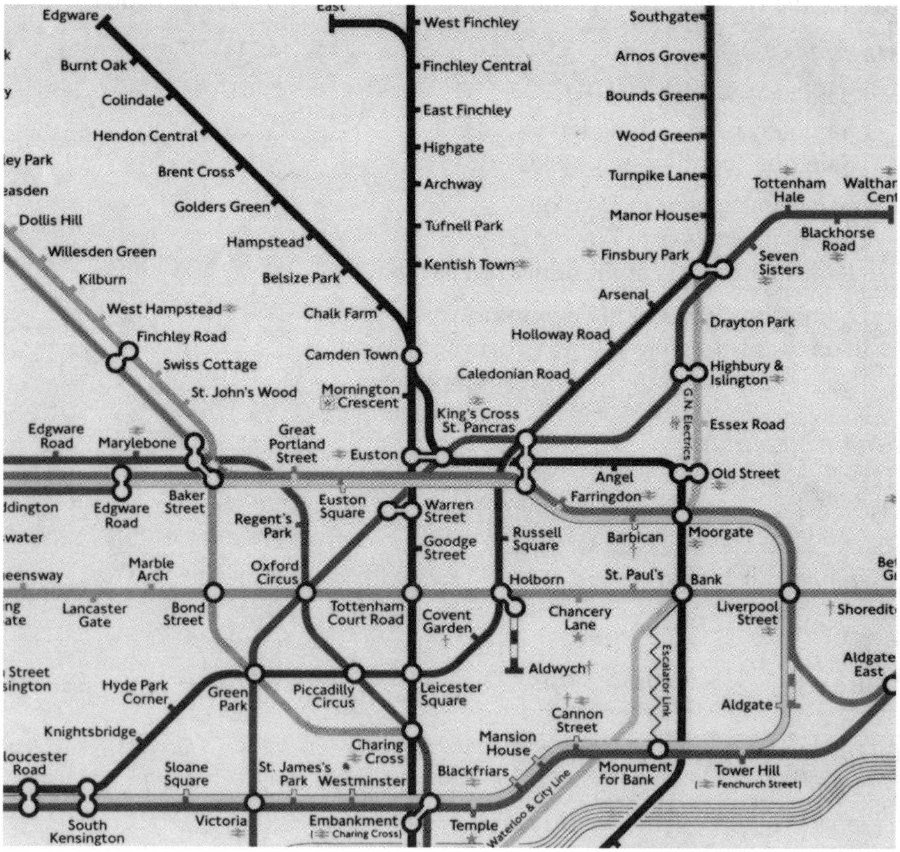

Kannst Du dieses Zeichen erklären?

In the letter Sam writes about the „Union Jack“ and „Stars and Stripes“. Kennst du den Unterschied? Versuche die beiden Flaggen zu zeichnen!

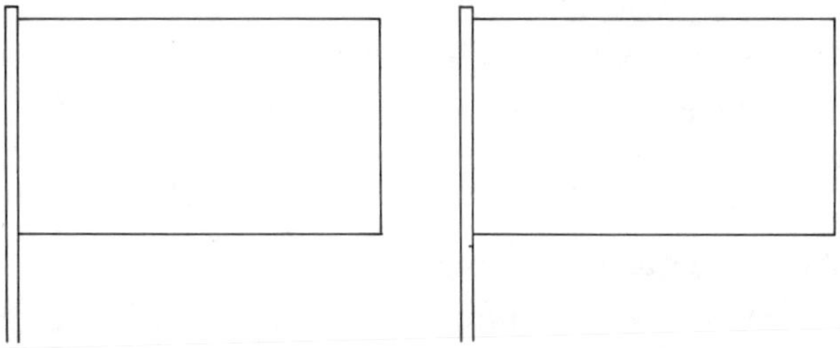

Auf dieser Abbildung siehst du mehrere Sehenswürdigkeiten, die auch in Sams Brief an seine Schwester auftauchen. Ziehe Pfeile und benenne die Sehenswürdigkeiten.

Aufgabe: Besorge dir einen Stadtplan von London, z.B. beim Britischen Verkehrsbüro, 6000 Frankfurt/Main, Neue Mainzer Str. 22.
Kennst du das Spiel „Scotland Yard“ (Ravensburger Spiele) oder „London“ (MB-Spiel)?
Vielleicht haben es Freunde von dir. Suche dir aus den Stadtplänen Sehenswürdigkeiten heraus. Frage deinen Englischlehrer, wenn du mehr über ein Gebäude, einen Park usw. wissen möchtest.

Hier findest du den **Prospekt über den „London Zoo“**, den Sam im Brief an seine Schwester beigelegt hat. Lies ihn dir einmal durch. Du mußt nicht jedes Wort verstehen, sondern nur den Sinn. Sicher wirst du einige Wörter nachschlagen müssen. (Vergleiche Seite 25. „Das gesuchte Wort heißt...“)

Dann kannst du sicher folgende Fragen beantworten:
Wann ist der Londoner Zoo geöffnet? ______________________
Wann ist das Aquarium und wann der Kinderzoo geöffnet? __________
Anfahrtsmöglichkeiten?
Mit der U-Bahn? ______________________

____

Mit dem Bus?______________________

____

Welche Tiere sollte man sich unbedingt anschauen?______________________

____

Auf der Tabelle „Plan a day with the animals“ findest du die verschiedenen Fütterungszeiten der einzelnen Tiere.
Zu welchen würdest du gerne gehen?______________________

____

____

Warum?______________________

* Kannst du den Ausschnitt mit dem „London Zoo“ auf deinen Stadtplan von London übertragen?

Welche zusätzlichen Annehmlichkeiten bietet der Zoo den Besuchern? (Stichpunkte genügen!)______________________

____

____

____

____

____

____

Visit one of the world's greatest zoos.
Spend a day amongst the thousands of animals at London Zoo. See the rare Giant Pandas and the New Lion Terraces, the sealions, apes and monkeys, bears and reptiles, and the fishes. Drop in on the Moonlight World, where animals of the night are out and about when you come. Walk through the world-famous Snowdon Aviary. From armadillo to zebra, there's always something new at fabulous London Zoo.

Enjoy the amenities
Food and drink: There are two licensed restaurants, one self-service, one waitress-service. During the summer, there is also a fully-licensed bar where you can take a snack, and take-away-service kiosks.

Shops: The Zoo Shop sells the full London Zoo (
books, postcards. The Photo Shop (open in summ
cameras.
Wheelchairs and *push-chairs* are available for hire.

Plan your day with the animals

IN SUMMER
April to Sept.

12 noon	Sealions fed (not Friday, when their pool is c
1.15 p.m.	Donkey rides until 3.45. Children's Zo Easter to end of Sept. (not Sundays)*
1.45 p.m.	Camel, lama trap and pony trap rides until from Easter to end of Sept. (except Sunda
2.30 p.m.	Penguins fed
2.30 p.m.	Reptiles fed (Fridays only)
2.45 p.m.	Pelicans fed
3.15 p.m.	Birds of Prey fed (not Thursdays)
3.30 p.m.	Sealions fed (not Fridays)

* Weather permitting

Mid-April to mid-September take the special open-top
Baker Street to London Zoo.

Dates and times

London Zoo is open every day of the year except C
9 a.m. in summer (1st March to 31st October), and 10 a
6 p.m. (7 p.m. on Sundays and Bank Holidays) or dusk,
Aquarium opens at 10 a.m., Children's Zoo and Farm a

Do you understand this advertisement?
Would you like to buy a T-shirt? Which one? | Why not?

PART B: Language

Vocabulary (Wortschatz)

Kennst du folgende Bezeichnungen?
line 6: Uncle’s semi-detached house – eine Doppelhaushälfte
Wendy Luce lives in a house in Hill Street.
Her brother lives in a flat.
Her sister lives in a terraced house.

line 9: ... the Tower of London – deutsch: der Tower von London
(Eigennamen bleiben unübersetzt!)

to be fascinated
line 17: I was fascinated...
It was really fascinating! Aussprache [’fæsıneıting]
Man kann auch sagen: Oh, what a fascinating hat!
A fascinating smile.
Das Hauptwort heißt „fascination“.

typical
line 18: ... a typical British T-shirt...
Wenn man sagen will: „Das ist typisch für London.“ heißt es:
That’s typical of London.
That’s characteristic of London.

Die Raben		den Tower.
Die Kirchen		
Die Parkanlagen		London.
Die Pubs		
Die Bobbies	*sind typisch für*	
Die Kaufhäuser		die Oxford Street.
Die Banken		die City.
Die „Bowler“ Hüte und Schirme		

shop
line 20: ... clothes shop...
Unterscheide: clothes [klouðz] Kleidung (auch: clothing)
cloth [klɔθ] Stoff, Tuch (table-cloth)

Nenne weitere Geschäfte:
z. B. toy-shop

Shops

at last – at least
line 20: At last! (Endlich!) Man kann auch sagen: finally.
at least five pounds (mindestens 5 Pfund)

Expressions (Redewendungen)

So kann man einen Brief einleiten, wenn man sich für etwas entschuldigen möchte; wenn man versuchen will, sich zu rechtfertigen:

line 4/5: I am sorry, but you know...
Den Nebensatz mit „but" kann man auch so weiterführen:
..., but I had to go to the dentist yesterday.
(..., aber ich mußte gestern zum Zahnarzt gehen.)

			deine kranke Schwester im Krankenhaus besuchen.
			deiner alten Tante beim Einkaufen helfen.
Entschuldige dich, daß du nicht	geschrieben angerufen	hast, aber du mußtest	↑ ↓
			für einen Mathematiktest lernen.
			dein Zimmer aufräumen und das Rad putzen.

I'm keen on...

line 4/5: I'm not very keen on writing. (Ich schreibe nicht sehr gerne.)
„keen on + Verb auf -ing" drückt aus, daß man etwas mit Begeisterung tut, daß man darauf erpicht ist oder „ganz scharf" darauf ist, etwas zu tun, oder aber in der Verneinung, daß man etwas nicht gerne tut.

Make 10 sentences beginning with:

I'm keen on ______________

I'm not keen on ______________

Was könnte „keen" in folgenden Sätzen bedeuten?

A keen football fan ______________
A keen supporter of Tottenham ______________
* A keen eye ______________
* A keen sight ______________
* A keen appetite ______________

I try to get...

line 10: I tried to get... (Ich versuchte zu bekommen...)
line 18: ...I wanted to buy... (...ich wollte kaufen...)
Hinweis: Nach diesen Zeitwörten (Verben) folgt „to" + Verb.
Dies ist auch bei folgenden Zeitwörtern der Fall:
I decided to send a postcard to my uncle in London. (Ich entschloß mich...)
I promised to come in May. (Ich versprach...)

Schreibe, daß du	versucht hast,	vorbeizukommen. (deinen Briefpartner) zu verständigen.	
	anrufen kommen ins Kino gehen	wolltest.	
	dich entschlossen hast, nach	England Amerika Australien	zu fliegen.
	versprochen hast,	im Mai zu kommen. im September zu antworten. im Dezember eine Karte zu schreiben.	

Can you tell me the way to…?

When does the next … go? (Wann fährt der nächste…?)
Which line? (Welche Linie?)
Do you know where … is? (Wissen Sie, wo … ist?)
Fragen, die bei der Orientierung in einer fremden Stadt nützlich sein können.
Can you tell me the way to…?

Connect the symbols with the expressions:

Symbols		
	pass at the corner of / just around the corner	
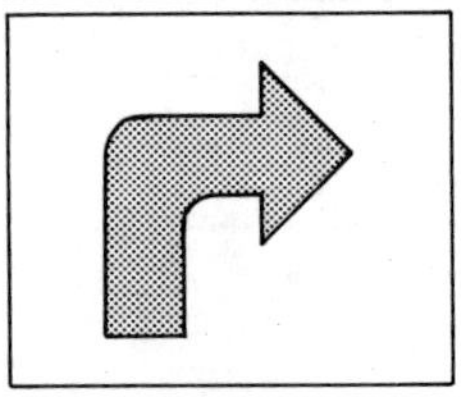	not far from / near just behind	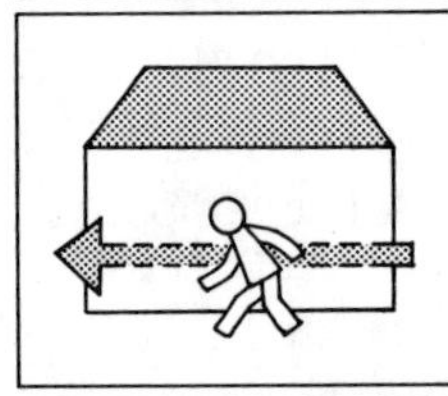
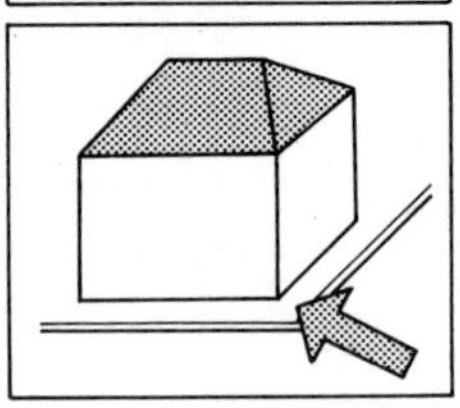	turn right straight on	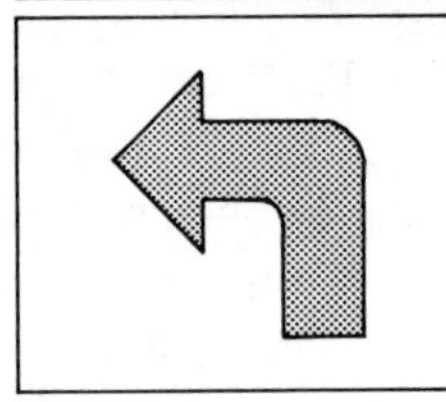
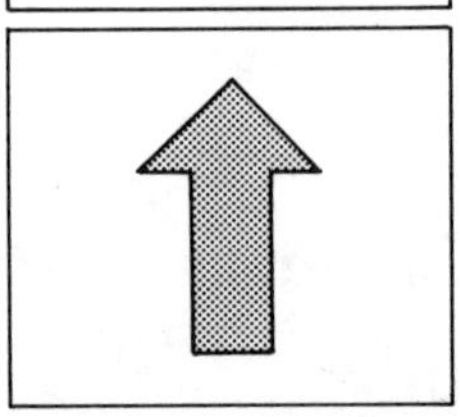	turn left in front of	

Aufgabe: Spiele Wegbeschreibungen mit dem Londoner Stadtplan! (Example: You are standing in front of the British Museum and you want to go to the Tower.)

Transfer zu: Shopping

This is the dialogue between Sam and the salesgirl. Read the dialogue and then try to learn the expressions by heart.

Sam: Hello.
Salesgirl: Yes, please. Can I help you?
Sam: I look for a T-shirt. Do you sell T-shirts?
Salesgirl: Of course we do. What kind of T-shirt do you want?
Sam: I'd like one with the Union Jack on it – the colours of the British flag.
Salesgirl: Wait a moment, I'll have to look first. – I'm very sorry but we haven't got any Union jack T-shirts, what about one with Stars and Stripes?
Sam: Oh no, I am from America and I've got dozens of Stars and Stripes shirts at home.

The dialogue chain – shopping

So drückt man sein Bedauern darüber aus, daß man etwas nicht (mehr) tun kann:
line 24: I am afraid I'll have to close now.

Sage bedauernd, daß	du nicht nach England fahren du nicht in der Schweiz zelten du nicht in Australien surfen du nicht in Sri Lanka schwimmen	wirst.

The film ... is on.
line 25: The film „Dirty Dancing" is on. (Der Film „Dirty Dancing" spielt gerade; steht auf dem Programm.)
Die passende Frage dazu heißt: What's on (at the moment)?

Frage	deinen Briefpartner, deine Briefpartnerin,	was zur Zeit	in den Kinos in England läuft. in den Theatern in England gespielt wird.

Nenne drei deiner Lieblingsfilme!

Erkundige dich bei deinem Briefpartner/deiner Briefpartnerin, welche Filme sie am liebsten sieht.

Grammar and Structures (Grammatik und Strukturen)

Present Perfect
line 3: I have been ... in London.
line 3/4: ... I haven't written to you.

Was wird mit diesen Sätzen ausgedrückt?
Wenn eine Handlung in der Vergangenheit begonnen hat (in diesem Fall: Sams Ankunft in London vor 10 Tagen) und bis zur Gegenwart andauert (4. Mai), muß *Present Perfect* stehen.
Hinweis: Der Grammatikbegriff „Present Perfect" erklärt dir, daß diese Zeit etwas mit der *Gegenwart* zu tun hat. Diese Zeitform der englischen Sprache stellt nämlich eine Klammer zwischen Vergangenheit und Gegenwart dar.
Kannst du weitere Beispiele aus dem Brief herausfinden und erklären?

Merke dir folgende Signalwörter:
Have you *ever* seen the monkeys in London Zoo?
No, I have *not* seen them yet.
Up to now I have lived in France. (Bis heute lebe ich in Frankreich.)
Auch wenn der deutsche Satz in der Gegenwart steht, kommt Present Perfect. Dies ist eine feste Regel, die nicht gebrochen wird!

So far I have not talked to Lady Di.
Until now I have written 321 letters to England.
I have *never* been so sad.

„for" or „since"?
Beide Wörter bedeuten „seit". Der Engländer unterscheidet aber genauer.

Zeitpunkt:
I have lived here since 1980. He has been in F. since Tuesday.
Zeitraum:
I have been in London for 10 days. He has learnt German for 2 years.
Bildung des Present Perfect: have | has + Verb mit -ed
I have played...
I have seen...
He has been...
Bei unregelmäßigen Verben: 3. Form

Frage deinen Partner im nächsten Brief, ob er schon einmal	in Berlin in München in Köln in Hamburg in Frankfurt in Stuttgart in Saarbrücken	gewesen ist.

Erkläre, daß du	schon einmal noch niemals	in ... gewesen bist.

Schreibe, daß du bis heute immer	in Deutschland Urlaub gemacht hast. in ... gelebt hast. in ... zur Schule gegangen bist. einen Briefpartner in ... gesucht hast. alleine englische Wörter gelernt hast.

Schreibe, daß du noch niemals zuvor so	glücklich traurig müde hungrig	warst.

Schreibe, daß du	seit 13 Tagen krank bist. seit 2 Wochen nicht in der Schule bist. seit gestern Masern (measles) hast. seit 3 Jahren nicht mehr krank warst.

PART C: Text Production

Schreibe einen Brief folgenden Inhalts:

- Erzähle, daß du schon seit 5 Tagen in London bist.
- Entschuldige dich, daß du nicht früher geschrieben hast. (Überlege dir zwei passende Ausreden!)
- Sage, daß du im Londoner Stadtteil Bayswater wohnst. (Hotel)
- Berichte, was du bisher schon alles gesehen hast. (Sehenswürdigkeiten, typisch für London)
- Schreibe, daß du nächstes Jahr wieder nach London fahren möchtest.
- Sage, daß du dich jetzt entschlossen hast, täglich Englisch zu lernen.
- Sage, daß du jetzt schließen mußt, weil das Abendessen fertig ist.

Schreibe einen Brief folgenden Inhalts:

- Sage, daß du schon versucht hast, zu Hause anzurufen.
- Berichte, daß du seit vorgestern in London bist. Du wohnst in einer Jugendherberge.
- Erzähle von einem Besuch im Londoner Zoo. (Du kannst dabei den Prospekt auf Seite 87f. verwenden!)
- Sage, daß du dir in den nächsten Tagen noch die bekanntesten Sehenswürdigkeiten in London anschauen wirst.
- Sage, daß euer Lehrer Karten für den Film ... besorgt hat.
- Richte Grüße an deine Bekannten aus.

8. Schuljahr

1. Baustein: A letter from Germany to England and the reply from England to Germany

Sigrid Sobek aus Lahr möchte in diesem Sommer mit ihren Eltern nach Stratford-upon-Avon fahren. Da ihre Eltern nicht gut Englisch können, schreibt Sigrid an das Arden Hotel in Stratford-upon-Avon.

Nach zwei Wochen erhält Sigrid folgende Antwort:

Themen: Urlaub in Großbritannien, Zimmerbestellung, Briefwechsel mit Hotels

PART A: Letter

Text (Ausgangstext)

Sigrid Sobek
Im Oberen Garten 34
D- 7630 Lahr
Germany

10th March, 19--

Arden Hotel
Waterside
Stratford-upon-Avon
England

Dear Sir or Madam,

My parents and I intend to spend a few days in Stratford-upon-Avon this summer.

We would be grateful if you could send us your brochure and price-list for one double-room and one single room, please. Is breakfast included in the prices?

Yours faithfully

Sigrid Sobek

Nach zwei Wochen erhielt Sigrid folgende Antwort:

THE ARDEN HOTEL – *STRATFORD-upon-Avon*

```
Miss S. Sobek,
34, Im Oberen Garten,
D-7630 Lahr,
Germany.                              24th  March, 19..
```

Dear Miss Sobek,
Thank you very much for your letter of March 10th.
Enclosed you will find our hotel brochure which gives all the details of the facilities in our hotel. It also shows the prices. Breakfast is included.
We would be very grateful if you could fill in the official booking forms.

We hope to welcome you in our hotel.
Yours sincerely

Comprehension (Verständnis)

- ○ Versuche Sigrids Anfrage an das Arden Hotel in Stratford-upon-Avon ins Deutsche zu übersetzen.
- ○ Hier findest du eine Reihe von möglichen Antworten des Arden Hotels, aber nur drei treffen zu. Welche?

The Arden Hotel is sending
- its hotel brochure. ○
- an offical booking form. ○
- a price list. ○
- a catalogue. ○
- pictures of the rooms. ○

Sigrid hat auch an das Fremdenverkehrsamt in Stratford geschrieben und um Informationen über Hotels und Pensionen gebeten:

Choose your hotel

A

Stratford-upon-Avon

Arden Hotel
Waterside
*

Dating from the Regency period, the hotel has been fully extended and modernised to provide a high degree of comfort with individual style. Set in the privacy of a typical English garden opposite the Theatre overlooking the River Avon. Telephone, radio and television, tea/coffee making facilities in all rooms. Fully licensed.
Car park. AA 3 star.

Falcon Hotel
Chapel Street
*

A magnificently preserved 15th century timbered inn, close to the shops and historic buildings and just a short stroll from the Theatre. The old world charm is blended with the best in contemporary comfort.
Telephone, radio and television, tea/coffee making facilities in all rooms. Fully licensed.
Car park. AA 3 Star.

Grosvenor
House Hotel
Warwick Road

A warm, friendly, comfortable hotel, personally run and supervised by the proprietors. Situated less than five minutes walk from the Theatre, riverside gardens and meadows and town centre. Telephone, radio and colour television in all rooms.
Fully licensed.
Car park. AA 3 star.

B

Coventry

Post House Hotel
Rye Hill, Allesley
*

The Post House offers warm, friendly and efficient service with all the facilities you would expect to find in a modern hotel. Children are especially welcome, low price, special menus and a competent listening service, which all means you can relax and enjoy your stay. Coventry Cathedral and Kenilworth are close-by, as is Stratford, on the excellent road links. Telephone, radio and television, tea/coffee making facilities in all rooms. Fully licensed. Car park. AA 3 Star.
Coventry 19 miles from Stratford-upon-Avon.

Lies dir die Ausschnitte gründlich durch! Vielleicht mußt du auch ein Wörterbuch zu Rate ziehen. Sigrid hat es immer bereitliegen.

What's the difference between...?
(Let's talk about the hotels)

„Perhaps the ________________ is cheaper than the ________________."
„Perhaps ________________ more expensive ________________."
„________________ more charming ________________."
„________________ smaller ________________."
„________________ bigger ________________."
„________________ more comfortable ________________."
„________________ more exclusive ________________."
„________________ the best."
„________________ the most attractive."

Question: Where do you think the Sobeks will stay?
You: And where would you like to spend your summer holidays?

PART B: Language

Vocabulary (Wortschatz)

Begriffe aus dem Hotelwesen
line 13: one double-room and one single room
Kennst du weitere Begriffe aus diesem Bereich?
Trage sie zusammen und schreibe sie auf: *the reception*

breakfast
Das Wort „breakfast" (Frühstück) ist wegen seiner Zusammensetzung recht interessant. Es besteht aus „break" (brechen) und „fast" (fasten). Es hatte nämlich ursprünglich die Bedeutung: Das Fasten beenden.

included
„included" hängt mit „inklusive", d.h. etwas einschließen, beinhalten, zusammen.
Übersetze die folgenden Sätze:
My new atlas contains fifty maps, including six of North America.
The price is $ 4.20, postage included.
* VAT included. (Value added tax = MWST)

holiday
a holiday – Urlaub, Ferien
Einzahl: a holiday in Christian countries – ein Feiertag in christlichen Ländern
Mehrzahl: the school holidays – die Schulferien
‚holiday' in der Einzahl – Urlaub, Ferien
Weitere Formulierungen:
I go on holiday. (Ich fahre in den Urlaub.)
I need a holiday. (Ich bin urlaubsreif.)
It was no holiday, I can tell you. (Ich kann dir sagen, das war alles andere als ein Urlaub.)
Zusammensetzungen:
a holiday-camp – Feriendorf
a holiday-flat – Ferienwohnung
a holiday-guest – Feriengast
a holiday-maker – Urlauber
a holiday-resort – Urlaubsort

brochure
line 12/23: brochure (Broschüre)
Achtung: Prospekt – englisch: a prospectus (for holidays etc.)
Nicht verwechseln mit: prospect – Aussicht (a job with a good prospect)

details
line 24: details (Einzelheiten, Details)
He went into details. (Er legte es in allen Einzelheiten dar.)

facilities
line 24: facilities (Einrichtungen, Möglichkeiten)
facilities for travel: buses, trains, air services etc.
facilities for study: libraries, laboratories etc.
sports facilities: swimming-pools, gyms, running tracks etc.

false friends
line 24: It also shows ... (es zeigt auch ...)
Von vielen Deutschen wird das engl. „also" mit dem deutschen „also" verwechselt.
Wörter, die im Englischen genauso geschrieben werden wie im Deutschen, aber eine **völlig** andere Bedeutung haben, nennt man *„false friends"!* (Dazu gehören auch diejenigen, die große Ähnlichkeiten mit deutschen Wörtern aufweisen.)

art	Kunst	Art	kind, sort
artist	Künstler	Artist	circus performer, artiste
bank	1. Ufer 2. Bank(haus)	Bank (im Park)	bench
become	werden	bekommen	to get, to receive
brave	tapfer	brav (artig)	good (child)
brief-case	Aktentasche	Brieftasche	wallet
floor	Fußboden, Stockwerk	Flur	hall, corridor
gift	Geschenk, Gabe	Gift	poison
gymnasium	Turnhalle	Gymnasium	grammar school
high school	weiterführende Schule in den USA ab dem 11. Lebensjahr	Hochschule	university, college, academy
hose	Schlauch	Hose	(a pair of) trousers
map	(Land)karte	Mappe	brief-case (Aktenmappe) school-bag (Schultasche) folder (Schreibmappe, Ordner)
mark	Note, Zensur, Zeichen, Markierung	Marke	stamp (Briefmarke) brand (Sorte) make (Fabrikat, z. B. Auto)
meaning	Bedeutung, Sinn	Meinung	opinion, view
mist	Nebel	Mist	dung, manure
murder	Mord	Mörder	murderer
note	1. Anmerkung, Notiz 2. Banknote	Note (Schule)	mark
prospect	Aussicht	Prospekt	brochure, prospectus, booklet, leaflet
sensible	vernünftig	sensibel	sensitive
to **spare**	jmd. etwas ersparen	sparen	save (money)
to **spend**	(Zeit) verbringen (Geld) ausgeben	spenden	to give, donate
strong	stark	streng	strict
trouble	Mühe, Sorge, Verdruß	Trubel	disturbance, confusion

official

line 26/27: ... the official booking forms ... (die offiziellen Buchungsformulare)

„official" kommt häufig in folgenden Verbindungen vor: This was an official report. (ein amtlicher Bericht)
Is that your official uniform? (Dienstuniform)
This letter is in a very official style. (förmlicher, formeller Stil)
Als Hauptwort in: railway and post office officials (Beamte bei Eisenbahn und Post)
Es hängt natürlich mit „office" – Büro, Kanzlei usw. zusammen.
Vergleiche: Officer, where is the theatre? (Herr Polizist, ...)
Wie „official" hat auch „officer" die Bedeutung „Beamter".

booking
to make a booking – to cancel a booking (buchen – stornieren)
to change booking (umbuchen)
Zusammensetzungen mit „book“:
an exercise-book (Heft)
the good Book (die Bibel)
book-keeping (Buchführung, -haltung)
a book-keeper; he keeps the books
Fallen dir weitere Kombinationen mit „book“ ein? z. B. a book-lover

form
form – in diesem Zusammenhang: Formular, Vordruck
a printed form (vorgedrucktes Formular)
application form (Bewerbungsbogen)
Weitere Bedeutungen:
water in the form of ice (Wasser in Form von Eis)
the plural form (die Mehrzahl)
he's in a good form (in guter Form)

Als Verb:
to form sentences (Sätze bilden)
to form a new government (eine neue Regierung bilden)

Als Adjektiv:
a formal letter (ein formeller Brief)
a formal person (eine förmliche Person)
a formal welcome (ein feierlicher Empfang)

Welcome
line 28: ... to welcome you (willkommen heißen)
Beachte: Nur ein „l“ bei welcome!
Antwort auf „Thank you“ → „You are welcome.“ (Gern geschehen, bitte sehr, nichts zu danken.)
I didn't feel very welcome there. (Ich habe mich dort nicht sehr wohl gefühlt.)
A welcoming cup of coffee was on the table for her. (Eine Tasse Kaffee stand zu ihrer Begrüßung bereit.)

Expressions (Redewendungen)

I intend to
line 10: I intend to spend... Ich habe die Absicht, ich beabsichtige usw.
Hinweis: Nach „intend“ steht immer „to“! Erinnerst du dich noch, nach welchen anderen Verben „to“ steht? Siehe hierzu Brief 82!

Sage, daß du beabsichtigst,	nach Großbritannien zu reisen. in einem Hotel in Stratford-upon-Avon zu wohnen. Shakespeares Geburtshaus zu besichtigen. eine Theateraufführung (performance) zu sehen. die Landschaft um Stratford kennenzulernen.

Jemanden auffordern, etwas zu schicken:
line 12: Could you send us...

Auskunft einholen über die Aufenthaltsdauer:
How long are you going to stay?
Mögliche Antwort: I'm going to stay... days.

So kann man auch fragen, um eine Auskunft zu erhalten:
How long will it take to repair the engine? It'll take about two hours.
How far is it to the theatre? It's about one mile from here.

Bitte um Auskunft darüber,	wie lange dein Brieffreund in Deutschland bleiben möchte. wie lange er von England nach Deutschland reisen wird. wie lange es dauert, dir eine Schallplatte zu besorgen. wie lange es dauert, dir englische Briefmarken zu schicken. wie weit es von London nach Stratford ist. wie weit es von England nach Deutschland ist.

Versuche jetzt, die Fragen – phantasievoll und unter Zuhilfenahme einer Landkarte – zu beantworten. Spiele sie mit deinem Partner/deiner Partnerin durch!

So erteilt man jemanden einen Rat:
Please use the official booking forms... (Sie sollten ... verwenden.)
Weitere Ausdrücke, die einen Ratschlag ausdrücken:
You should use...
You shouldn't write a postcard...
You'd better use... (Sie sollten lieber...)
Either use the official booking forms or write a letter. (entweder... oder...)
Try to fill in the booking form. (Versuchen Sie das Formular auszufüllen.)

Rate deinem Partner, deiner Partnerin,	jedes neue englische Wort zu schreiben. englische Schallplattentexte zu übersetzen. englische Filme anzuschauen. einen Briefpartner in England oder Amerika zu suchen. englische Zeitungen zu lesen. ein Wörterbuch zu kaufen. am Computer englische Wörter zu wiederholen. zu versuchen, mit Engländern oder Amerikanern in Kontakt zu kommen. (to get in contact with) eine Reise nach Großbritannien zu machen.

So drückt man aus, daß man sich über etwas freut, was in der Zukunft stattfinden wird:

We are looking forward to welcoming you . . .
(Wir freuen uns darauf, Sie willkommen zu heißen.)
Beachte: nach „look forward to" steht am Verb „ing", da es sich hier nicht um eine Grundform (Infinitiv), sondern um eine Präposition handelt.

Sage, daß du dich freuen würdest,	deinen Briefpartner in der Bundesrepublik zu begrüßen.

Ergänzung:

Nach ihrer Rückkehr aus Stratford-upon-Avon:
Gestern ist Sigrid Sobek nach Lahr zurückgekehrt. Ihre Klassenkameradinnen und Bekannten stellen ihr natürlich neugierige Fragen, wie es in Stratford gewesen ist.
Versuche Sigrids Antworten den jeweiligen Fragen zuzuordnen.

A	What was the hotel in Stratford like?
B	What was wrong with it?
C	How did you like the room?
D	Did you enjoy the theatre performance?
E	Why did (didn't) you like it?
F	What did you think of the actors?

A	The fridge was out of order.
B	I thought the performance would be more interesting.
C	The hotel was rather dirty – it was a pity we had booked there.
D	The artists were very good.
E	My room went to the main road, so it was rather noisy.
F	I didn't like it because I could hardly understand a word.

Hinweis zur Anrede im offiziellen Schreiben
Dear Sirs,   Dear Sir or Madam,
Am Ende des Briefes:
Yours sincerely   Yours faithfully

Ein Zimmer buchen

Gestalte ein Gespräch zwischen dem englischen Hotelrezeptionisten und dir:

Receptionist

____________ (German pupil)

Argyle House Hotel, Bournemouth. Can I help you?

→ Sage, daß du gestern angerufen hast.
Nenne deinen Namen, die Stadt und das Land.

Oh yes, I remember.

→ Erkläre, daß du ein Doppelzimmer für deine Eltern und ein Einzelzimmer für dich bestellen möchtest.

How long do you want to stay in England?

→ Beantworte die Frage.

And when will you arrive?

→ Beantworte die Frage und erkundige dich, ob du das Doppelzimmer mit Bad und das Einzelzimmer mit Dusche haben könntest.

Wait a moment while I look. – Yes, that's possible.

→ Frage nach dem Preis für beide Zimmer mit Frühstück.

The double room costs ________
and the single room ________ daily.

→ Bedanke dich für die Auskunft und verabschiede dich.

We will confirm the booking. Thank you and good-bye.

Can you fill in this official form?

Meet Bournemouth

Bournemouth Department of tourism has established minimum Standards of Accomodation for Hotels and Guest Houses. There is a wide choice of accomodation in this resort.

Terms quoted are for 1989, but could be subject to an increase where a rise in costs makes this necessary.

When writing for accomodation to hotels and guest houses please give full details of your requirements, using block letters for your name and address.

Bournemouth's hotels, guest houses and holiday flats have a fine reputation for providing a high standard of service and good value.

Name: ______________________ ______________________
(Surname) (Christian Name)

Address: ____
(Street) (Town) (Country)

ACCOMODATION WANTED
When? ______________________
(Month? How many days?)

What kind of accomodation?

FULL BOARD ☐ BED & BREAKFAST ☐ BED, BREAKFAST AND ADDITIONAL MEAL ☐

DOUBLES SINGLES (Children? .....*) (Dogs?.....*)
* How many?

WITH PRIVATE BATH OR SHOWER?
☐ ☐

SPECIAL WISHES?
(e.g. swimming pool, private parking space, special diet, TV-colour or b/w in bedroom, garage)
☐ ☐ ☐ ☐ ☐

Bournemouth

Grammar and Structures (Grammatik und Strukturen)

Relativsatz

line 23: a brochure which gives... (eine Broschüre, die...)
Der Nebensatz wird durch „which" eingeleitet. Der Nebensatz bezieht sich also auf das vorausgehende Wort „brochure".
Deshalb nennt man diesen Nebensatz *Bezugssatz (Relativsatz)* und das einleitende Wort *„Relativpronomen"*.
Beispiel: The book which I bought last week is very boring.
(Das Buch, das ich letzte Woche kaufte, ist sehr langweilig.)
Anfänger verwechseln oft die Relativpronomina „which" und „who".
Grundregel: „which" bei Dingen, Gegenständen
„who" bei Personen.

The man, who is standing there, is our new English teacher.

„that" als Relativpronomen
Mit „that" werden Bezugssätze eingeleitet, die sich sowohl auf Dinge als auch auf Personen beziehen.
Beispiel:
I stayed in the only hotel that (which) had a swimming-pool. He is the oldest man that (who) lives in our village.

who – which?

My pen-friend, ________________	lives in Burma, is 21.
The book, ________________	I bought in London, is thrilling.
My cousin, ________________	is a pop music fan, sings on stage.
The receptionist, ________________	showed us our rooms, was very friendly.
The hotel, ________________	was quite new, was very expensive.
The old house, ________________	we looked at, was Shakespeare's birthplace.

Satzstellung im Englischen

My parents and I intend to spend a few days in Stratford this summer.
Lies dir deine Übersetzung von Sigrids Anfrage noch einmal durch. Was fällt dir dabei auf?
Achte auf die Satzstellung der einzelnen Satzglieder. Im Englischen steht in der Satzergänzung *immer* zuerst der Ort und dann die Zeit. Im Deutschen ist es umgekehrt! Das führt oft zu Fehlern.

Schau dir deshalb folgende Beispiele an:
I went | to Paris || last month. |
Ich fuhr | im vergangenen Monat || nach Paris. |

Im Englischen besteht die feste Stellung der Satzglieder:
Subjekt (Satzgegenstand) – Prädikat (Satzaussage) – Objekt (Satzergänzung).

Last month I went to Paris.
Im vergangenen Monat fuhr ich nach Paris.
Auch hier wieder S.P.O. (Im Deutschen → Umstellung, aber keine Sinnänderung!)
Hinweis: *Die Zeitbestimmung kann auch am Anfang des Satzes stehen!*

Zwei Satzergänzungen (zwei Objekte)
I wrote him a letter. (Dabei steht zunächst die Person „him" und erst dann der Gegenstand „letter".
She gave me your postcard.
Vergleiche hierzu auch: Das Hilfsverb bei der Frage (Do | Does | Did).

Adverbiale Bestimmungen
Immer wieder bereitet die Stellung von Wörtern wie „never", „just", „still", „always" etc. (adverbiale Bestimmungen) Schwierigkeiten:
Sigrid often writes letters.
„Often" steht also zwischen der Person und dem Verb, zwischen Subjekt und Prädikat und *nicht* zwischen Verb und Ergänzung wie im Deutschen!
Sigrid was often phoning.
Steht zusätzlich noch ein Hilfszeitwort im Satz, kommt die adverbiale Bestimmung („often" etc.) zwischen Hilfszeitwort und Verb.
Sollten mehrere Hilfszeitwörter im Satz stehen, gilt die Regel: *Immer nach dem 1. Hilfszeitwort!*
Beispiel: My sister has often had to go to the dentist.
Versuche nun, folgende Bruchstücke zu sinnvollen englischen Sätzen zu ordnen!

[lived] [I] [in Lahr] [have] [always]

[Southern California] [rains] [never] [it] [in]

[a postcard] [Sigrid] [yesterday] [him] [wrote]

[a double-room and a single room] [the Sobeks] [book]
[in Stratford] [intend to] [for next summer]

[spend] [this year] [we] [our holidays] [in Spain]

[Marocco] [going to] [we] [in August] [travel] [are] [to]

[she] [England] [before] [never] [has] [to] [been]

PART C: Text Production

Schreibe einen Brief folgenden Inhalts:

○ Frage bei einem der auf Seite 101 genannten Hotels an,
  - ob man dir Prospekte schicken könnte,
  - was Doppel- und Einzelzimmer kosten,
  - ob das Frühstück inbegriffen ist,
  - wo man buchen soll.

○ Bitte um eine rasche Rückantwort.

Schreibe einen Brief folgenden Inhalts:

○ Schreibe an ein auf Seite 101 genanntes Hotel.

○ Berichte, daß du beabsichtigst,
  - im August anzureisen,
  - 5 Tage zu bleiben,
  - eine Aufführung des Theaters zu sehen,
  - Land und Leute kennen zu lernen.

○ Bitte um Auskunft,
  - was ein Doppelzimmer kostet,
  - ob es ein verbilligtes Angebot für junge Leute gibt.

○ Verabschiede dich.

Booking Form

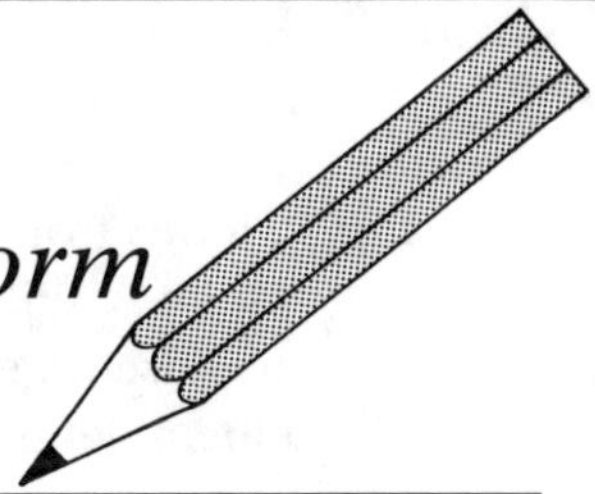

Name ______________________________

Address ______________________________

____

Telephone *(day)*______________*(eve)*______________

**Please give at least two hotel alternatives in same category where applicable.*

	Date	Hotel*	No.	Price
First choice				
Second choice				
Third choice				

I enclose a cheque for £ ______________
or charge my Barclay card/Access/American Express (delete as appropriate)

Signature ______________________________

I would like to book an extra night to be paid for at the end of my stay **Yes/No**

Booking Form

8. Schuljahr

2. Baustein: A letter from New York to Kiel
Naoko Kishikawa aus Tokio verbringt im Rahmen eines Schüleraustausches einige Wochen in New York. Von dort berichtet er seinem deutschen Briefpartner Björn Nonnenbroich aus Kiel.
Thema: Ein Aufenthalt in New York (Sehenswürdigkeiten und Besonderheiten)

PART A: Letter

Text (Ausgangstext)

Bloomingdale
New Jersey
USA

Sept. 21st, 19__

Dear Björn,

I am sure you were anxiously waiting for this letter for a long time, but the United States is such an interesting country that I was unable to write earlier. SORRY! After my plane from Tokyo had arrived at John F. Kennedy International Airport, my American hosts, Mr and Mrs Bookbinder, welcomed me in the waiting-lounge.

They live in a small house in Bloomingdale; that's a few miles in the north of New York. First I had worried about my English, but Mr Bookbinder, whose ancestors came to the States at the beginning of the 20th century, always says, "What's the problem? What's wrong? We'll help you, Naoko." Their daughter Sandra had been to Japan last year and my parents and I had helped her, too.

Last Monday we looked at the huge skyscrapers in Wallstreet, drove through (Americans write: "thru") Chinatown and came to Soho where the shops are more elegant and expensive than in Tokyo. I took a lot of photos of important sights like Times Square, Rockefeller Center, the Statue of Liberty, the Empire State Building. After sightseeing we walked through Central Park and relaxed there.

On Tuesday Sarah, who lives next door, took me to Barnes and Nobles in 5th Avenue where I bought three English books. She invited me to go to the Museum of Modern Arts. It was the first time that I had seen pictures by Cézanne, Gauguin and Van Gogh.

I have also seen beautiful graffiti on lots of walls, even on the Underground trains. Mrs Bookbinder explained some typical things to me: New York is called "Big Apple". Have you ever heard of "pot-holes" or the "Yellow Pages"? Björn, do you know these expressions? You should travel to New York once – it's so fascinating!

I hope to hear from you soon when I am back in Tokyo.

Best regards to you and your brother Jan,

Naoko

Comprehension (Verständnis)

Versuche, die im Brief auftauchenden Namen in folgende Kreise einzutragen:

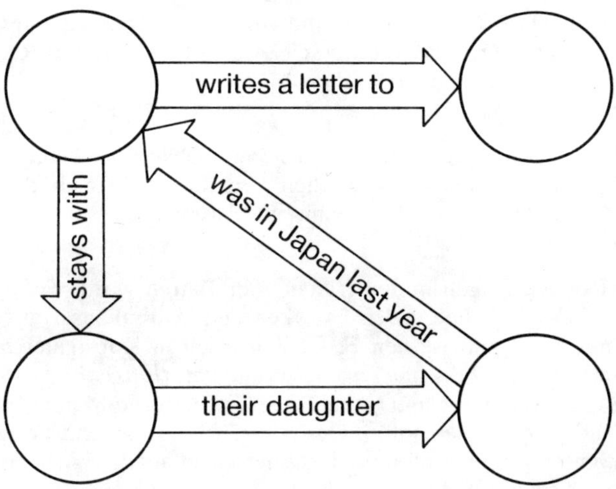

Lege dir einen Stadtplan von New York neben den Brief. Suche nun die genannten Plätze, Orte, Sehenswürdigkeiten usw. heraus. Schreibe sie in dein Englischheft.
Hast du auch Bloomingdale gefunden?

Wenn man mit ausländischen Partnern korrespondiert, tauchen erfahrungsgemäß Namen, Begriffe usw. auf, die man nicht kennt oder von denen man noch nichts gehört hat.
Dazu ist es notwendig, ein Lexikon oder einen Reiseführer zu Rate zu ziehen. Björn hat sich den Reiseführer *„Mit Jeans in New York" von Polyglott, München,* besorgt. Daraus stammen auch die folgenden Ausschnitte:
Landeskundliche Begriffe in diesem Brief:

line 29: *New York is called „Big Apple".*

Man nennt New York, wie eingangs schon gesagt, auch den „Großen Apfel", „the Big Apple". Es waren die schwarzen Amerikaner, die der Stadt in den 20er Jahren diesen Namen gaben. Als die ehemaligen Sklaven die Gebiete im Süden verließen, um in die industrialisierten Großstädte des Nordens zu ziehen, entwickelte sich dort ein bedeutender schwarzer Bevölkerungsanteil. Das Viertel Harlem wurde so das erste wirklich schwarze Ghetto der Welt. Die Schwarzen brachten eine ganze Reihe Slang-Ausdrücke mit, darunter auch diesen: The Big Apple. Es ist ein Ausdruck, der für sie etwas wirklich Großes, Riesiges bezeichnet. Und welche Stadt konnte man mit New York vergleichen, welches schwarze Viertel mit Harlem? Wenn man vom „Big Apple" spricht, ist es doch immer nur New York, auf das dieser Ausdruck zutrifft.

„pot-holes"

Große Löcher im Asphalt, manchmal richtige Krater, auf denen sich gar nicht gut fahren läßt! Man fährt über die Buckel wie bei einem Hindernisrennen, und das Gehirn (von den unteren Partien gar nicht zu sprechen) wird davon völlig zerhämmert. Mutter Natur ist daran schuld, die großen Temperaturschwankungen usw., aber die New Yorker Stadtverwaltung ist auch mitverantwortlich. Dazu muß man sagen, daß die Stadt New York ständig am Rande des Ruins steht, daher das Fehlen guter Straßen.

„Yellow Pages"

Das ist das Branchenverzeichnis des Telefonbuchs. „Ihre Daumen – und nicht Ihre Füße – werden müde beim Suchen": verzichten Sie nicht darauf, es ist sehr nützlich. Sie finden dort auch U-Bahn- und Eisenbahnpläne.

„Soho"

Seit den Renovierungen in den frühen 60er Jahren wurde Soho zu einem der elegantesten Viertel. Die vielen Fabriken und Warenhäuser aus dem 19. Jahrhundert mit ihren gußeisernen Fronten wurden in Kunstgalerien, Boutiquen, Restaurants, Bars, Clubs und sogar Wohnungen *(lofts)* verwandelt. Soho liegt zwischen Houston Street und Canal Street, im unteren Manhattan, ein Viertel, das man unbedingt sehen sollte. Der Name „Soho" kommt übrigens nicht von dem berühmten Londoner Stadtteil, sondern geht auf die Worte SOuth (südlich) of HOuston Street = SOHO zurück.

„Graffiti" Mehrzahl von „graffito": ursprünglich auf Fußböden, auf Gefäßen oder Glasscherben eingeritzte Inschriften oder Schriftzeichen von hoher kultur- und sprachgeschichtlicher Bedeutung (z. B. in Pompeji). Vergleiche die Buchempfehlungen auf Seite 118.

Schlage jetzt selbst in einem Lexikon nach, wer die Maler in Zeile 26 waren, was sie geschaffen haben und wann sie lebten.
Vielleicht kannst du eine Karte mit einem berühmten Bild eines dieser Künstler in die Schule mitbringen.

PART B: Language

Vocabulary (Wortschatz)

anxiously (siehe auch: Adverb – Adjektiv (Seite 126f.))
line 6: ... anxiously (begierig, sehnsüchtig z. B. auf einen Brief warten)
Andere Bedeutung:
I'm very anxious about my brother's health.
(Ich bin sehr um die Gesundheit meines Bruders besorgt.)
Vergleiche: I'm worried about ... (Seite 119)

to wait for
line 6: ... your were ... waiting ... for this letter (warten auf)

interesting
line 7: ... such an interesting ... (so ein, solch ein interessantes ...)
Beachte die Verwendung auch bei folgendem Ausdruck: Popstars such as Madonna and Tina Turner (wie zum Beispiel ...)

host
line 9: my American hosts (meine Gastgeber, meine Gastfamilie)
Germany is Ali's host country. (Gastland)
He is the new host of the Grosvenor House Hotel in Stratford.
(Er ist der neue Wirt des ...)
Eine ganz andere Bedeutung hat „host" in diesem Satz:
Naoko has got a host of friends in Tokyo. (eine Menge Freunde ...)

waiting-lounge
line 10: in the waiting-lounge (im Warteraum)
lounge in a hotel (Gesellschaftsraum, eleganter Saal usw.)

in the north of
line 11/12: ... in the north of ...
(im Norden von ...)
The four cardinal points of the compass are:

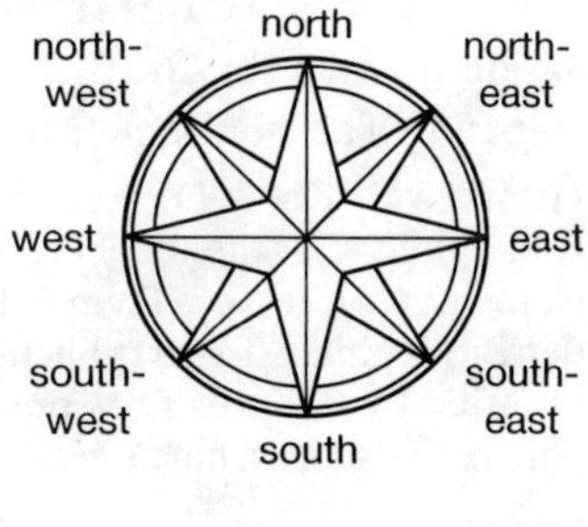

Großschreibung bei: North America, North Africa etc.
Abkürzungen: north-east (NE.), north-west (NW.)
northern (nördlich)
Northern Ireland (Nord Irland)

ancestors
line 13: ancestors (Vorfahren, Ahnen)

century
line 13/14: at the beginning of the 20th century
(am Beginn des 20. Jahrhunderts)
100 years = a century
10 years = a decade

huge
line 17: huge (riesig, gewaltig)
Man kann sagen: a huge building
a huge sum of money

skyscraper
line 17: skyscraper (Wolkenkratzer)
sky – Himmel (a clear, blue, starry sky)

through
line 18: through (durch)
A.E.: „thru" (wobei dies kein offizielles American English darstellt, sondern eine typische Vereinfachung des scheinbar auch für Amerikaner schwierigen Wortes ist. Vergleiche hierzu die oftmals zu sehende Aufschrift: „4 SALE" – Was bedeutet sie? Wie heißt sie voll ausgeschrieben?)

to relax
line 22: ... to relax (... zu entspannen)
He feels relaxed now. (Er fühlt sich jetzt entspannt.)
Relax your muscles. (Entspanne deine Muskeln.)

graffiti
line 27: graffiti (Graffiti, Wandschmierereien, Wandbilder)
Wenn du dich für Graffiti, die Kunst auf Mauern, interessierst, solltest du dir folgende Taschenbücher anschauen:

Graffiti von Klaus D. Appuhn, 184 Seiten, 80 farbige Abbildungen, Band 351 der Bibliophilen Taschenbücher.
Cologne Graffiti von Thunar Jentsch, 129 Seiten, 86 farbige Abbildungen; Band 457 der Bibliophilen Taschenbücher.
Graffiti II von Klaus D. Appuhn, 177 Seiten, 86 Abbildungen; Band 471 der Bibliophilen Taschenbücher.

to explain
line 28/29: ...explained... to me (erklärte mir...)
Im Englischen immer mit „to“: He explained the rules to him.

terms
line 30: expressions, terms (Ausdrücke, Begriffe)
Beachte folgende Bedeutungen:
That’s a very long term. (eine lange Zeit, Periode)
The first term of this year... (das erste Trimester)
Terms of payment (Zahlungsbedingungen)

Expressions (Redewendungen)

So drückt man aus, daß man sich Sorgen macht:
line 12: First I had worried about...
Man kann auch sagen: First I had been anxious about...
(Zuerst hatte ich mir Sorgen gemacht, Gedanken gemacht.)
Weitere Ausdrücke mit „worry“:
It’s no use (just) worrying, do something. (Es hat keinen Sinn, sich darüber den Kopf zu zerbrechen, tut etwas, unternehmt etwas.)
Don’t worry! (Reg’ dich nicht auf!)

Sage, daß du dir Sorgen um	deinen Briefpartner deinen Schulfreund deinen Vater deine Mutter	gemacht hast.

* *Ergänzung für den fortgeschrittenen Lerner:*
Die folgenden Sätze enthalten immer „worry“. Lies sie dir gut durch! Vielleicht kannst du sie schon in deinem nächsten Brief verwenden.
Übersetze sie ins Deutsche!
What’s worrying you, Sandra? ______________________________
My mother has a bad cough and it rather worries me. ______________
I have a bad toe that is worrying me. _________________________
Don’t worry about trifles (Kleinigkeiten). _____________________
You have no cause to worry. ___________________________
Tell me, what’s the use of worrying? ______________________

So fragt man, ob jemand Probleme/Schwierigkeiten hat:
line 14: What’s the problem? What’s wrong?

Wenn man selbst ein Problem hat, schreibt man:
I’ve got a problem. I don’t know how to begin. (Ich weiß nicht, wie ich anfangen soll.)

Schreibe, daß du ein Problem hast. Du weißt nicht,	wie du den Brief anfangen wie du dich vorstellen wie du das auf Englisch ausdrücken (to say it in...) wie du es deinen Eltern sagen	sollst.

Schreibe weiter, daß du nicht weißt,	ob du in diesem Sommer nach London fahren ob du genug Geld für so eine große Reise haben	wirst.

Frage deinen Briefpartner, welche Schwierigkeiten er	in der Schule mit der deutschen Sprache mit Klassenkameraden mit seinen Geschwistern mit dem Lesen deutscher Briefe	hat.

Transfer to „airport“:

Lies dir folgendes Gespräch durch, das Herr Haider aus München am J. F. Kennedy Flughafen in New York geführt hat:

Dialogue: „I have to fly back to Germany“

Voice: Flight reservation. What can I do for you?

Herr Haider: Good afternoon. I have to fly back to Germany tomorrow, because my wife has had a serious car accident and is in hospital. When's the next plane to Munich, please?

Voice: Tomorrow at 10.00 hours.

Herr H.: Oh, that's much too early, I'm afraid. I can't get away from my conference before 12. So I'll have to fly in the afternoon. When's the first plane then?

Voice: Let me see, Sir, you can take the 17.30 plane to Munich, Lufthansa 409.

Herr H.: What time does it arrive in Munich?

Voice: At 7.30 on the next day.

Herr H.: Are there any seats left?

Voice: One moment, please, I'll check. – Yes, that's possible. And what's your name?

Herr H.: My name is Rudolf Haider.

Voice: What's your German address?

Herr H.: Giselastrasse 12, telephone number: 089/825825.

Voice: Thank you, Mr Haider. Your booking number is 43225.

Herr H.: I'll take it down – 43225. And when do I have to be at the airport to collect my ticket?

Voice: Two hours before take-off.

Herr H.: What happens with my return ticket for next week?
Voice: We'll change the original ticket.
Herr H.: Thank you very much.
Voice: Good-bye.

Du befindest dich zufällig in der Nähe des Schalters am J. F. Kennedy International Airport, als Herr Rott aus München mit dem Beamten spricht. Da er den Beamten nur schlecht versteht, sollst du versuchen, die englischen Aussagen sinngemäß ins Deutsche zu übertragen:

* Officer: May I have your ticket, sir?
Put your suitcase on the scales, please.
We have to weigh this bag as well.
It's 7 pounds over. I'm afraid there'll be an excess baggage charge – or perhaps – there's something you could take out.
Otherwise you'll have to pay the extra charge.
We have our regulations, you know.
I'm very sorry, sir, but there are no exceptions.
Do passengers always have to have such heavy suitcases?
Here's your baggage check and your boarding card, sir.
You can go through the exit over there.

Signs and ideograms (Abb. S. 122)
All these signs and ideograms can be seen at airports.
Stelle Vermutungen über die einzelnen Bedeutungen an. Arbeite in Gruppen ihre Bedeutungen heraus.

Formulierungshilfen:
- I guess that sign means „restaurant".
- I suppose that I can buy something here. (a shop)
- Perhaps that's the sign for „Railway station".
- Maybe that's the sign for „Waiting lounge".

Die einzelnen Gruppen lesen ihre Vorschläge vor; Vergleiche werden gezogen; Redewendungen der Zustimmung und Ablehnung können wiederholt werden:
- I think so, too.
- I don't think you are right.
- Maybe.
- Perhaps.
- I agree with you.
- I don't agree with that.
- You are (definitely) wrong.

Ideograms

Flughafen
Airport

Information

Ankunft
Arrivals

Abflug
Departures

Treffpunkt
Meeting point

Passagierabfertigung
Passenger check-in

Paßkontrolle
Passport control

Restaurant

Snack-Bar

Bar

Café
Coffee shop

Wartehalle
Lounge

Treppe
Stairs

Rolltreppe
Escalator

Geldwechsel
Exchange

Laden – Läden
Shopping,
Shopping area

Automaten
Automats

Hotelreservierung
Hotel reservation

Gepäckkarren
Baggage cart

Gepäckträger
Porter

Gepäckausgabe
Baggage claim

Gepäckabfertigung
Baggage check-in

Babyraum
Baby room

Kinderstation
Nursery

Zollfreie Waren
Duty-free shop

Flughafenklinik
Airport clinic

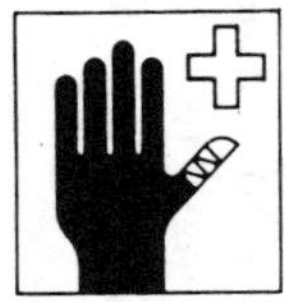
Erste Hilfe
First aid

Taxi

Bahnhof
Railway station

Mietwagen
Rental car

Bus

Parken
Parking

Tankstelle
Gas station

Autoreparatur
Car repair shop

Fußgängerüberweg
Pedestrian crossing

* Für den fortgeschrittenen Lerner:
Wenn du zu den jeweiligen Schildern sprechen willst, solltest du folgendes Beispiel lesen:
Why do you think is there a nursery?
Because there are many tourists who travel with babies. The nursery room offers the mother a „quiet corner" in order to look after her baby, feed it, change nappies etc.
Diese Fragen kannst du vielleicht einmal in einem Brief verwenden:

- ○ Would you like to work at an airport?
- ○ What would you buy in the duty-free shop?
- ○ Where would you go when you have missed someone?
- ○ Can you think of a situation when you have to go to the airport clinic?
- ○ What's the difference between a bar and a snack-bar?

Wie würdest du diese Fragen schriftlich in einem Brief beantworten, wenn sie dir dein Briefpartner/deine Briefpartnerin gestellt hätte?

Grammar and Structures (Grammatik und Strukturen)

Verlaufsform der 1. Vergangenheit (Past Continous)
line 6: I am sure you were ... waiting for this letter.
(Ich bin sicher, Du hast schon lange auf diesen Brief gewartet.)

Weitere Beispiele:
What were you doing between 10 and 11 o'clock?
First I was reading a book, then I was watching TV in the living-room.
Yesterday at nine o'clock I was working in the garden and my „lazy" father was smoking a cigar.

Mit dieser Zeitform wird eine Tätigkeit in der Vergangenheit ausgedrückt, die in einem bestimmten Zeitraum oder zu einem bestimmten Zeitpunkt vor sich ging.
Sie heißt deshalb: Verlaufsform der 1. Vergangenheit. (Past Continuous)
Diese Zeit wird gebildet aus: *was/were* + Verb auf -ing.

Schreibe auf, was du	gestern um ... Uhr vorgestern zwischen 8 und 10 Uhr am letzten Wochenende um ... Uhr vor einer Woche zwischen 19 und 21 Uhr	getan hast.

Wenn eine fortlaufende Handlung der Vergangenheit plötzlich durch eine neue unterbrochen wird, sagt man:

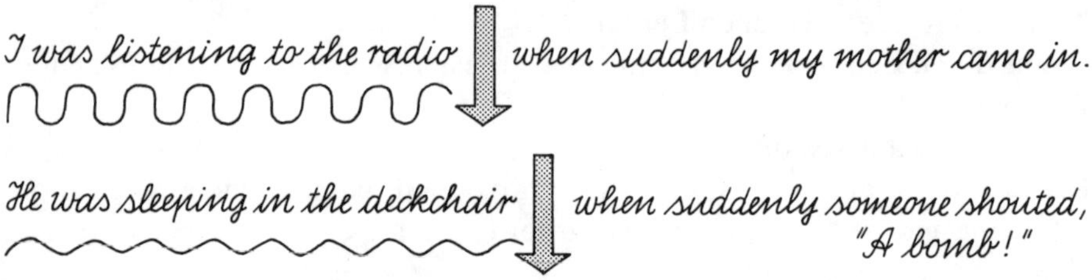

Schreibe, daß du gestern gerade	einen Brief geschrieben hast,	als plötzlich	dein Vater rief.
	deine Freundin angerufen hast,		deine Mutter hereinkam.
	Radio gehört hast,		
	ein Comicheft gelesen hast,		
	die Tageszeitung gelesen hast,		
	an deinen Brieffreund in England gedacht hast,		
	einen interessanten Film über New York gesehen hast,		

had + Verb

line 8–10: After my plane from Tokyo had arrived at ... my American hosts ... welcomed me in the waiting-lounge.
(Nachdem mein Flugzeug ... gelandet war, hießen mich ... willkommen.)

line 12–14: First I had worried about ..., but Mr Bookbinder always says, „ ... “. (Zuerst hatte ich mir Sorgen über ... gemacht, aber Herr Bookbinder sagt immer: „ ... “.)

Diese Zeitform wird gebildet aus: *had + Verb* (in der Vergangenheit) -ed (bei unregelmäßigen Verben: 3. Form!)

Naokos's third day in New York

Time:	8.00	8.15	8.30	9.00
	get up	wash	have breakfast	read a newspaper
10.00	11.00	11.30	12.00	13.00
take a lot of photos from the top level of the Empire State Building	drive through Chinatown	visit Soho	take a meal	walk through Central Park

Schreibe einen Tagesablauf:

Beginne: After Naoko had got up at 8 a.m., he washed.
After he had washed at 8.15 a.m., he...
After he had...
After...

Rückwärts: Before Naoko had walked through Central Park, he took a meal.
Before he had taken..., he...
Before he had...
Before...

Stelle nun einen eigenen Tagesablauf zusammen, wie du ihn für deinen nächsten Brief verwenden kannst. (Trage Uhrzeit und Tätigkeiten ein!)

Time:						
Activity:						

Schreibe Sätze (Form sentences):
As soon as (sobald) I had..., I...
As soon as...

Merke dir folgende Signalwörter: after
before
as soon as !

Adverbien (Umstandsbestimmungen)

line 6: ... you were anxiously waiting ... (begierig warten)
Um die Wortart zu erkennen, muß man sich folgende Frage stellen:
Wie wartete er? → begierig, sehnsüchtig
Im Satz steht ein Verb (wait), das durch „anxiously" näher bestimmt und erklärt wird.
Deshalb nennt man das Wort „Adverb".

Da die deutsche Sprache zur Kennzeichnung von Adverbien (Umstandsbestimmungen) normalerweise keine besondere Endung wie das Englische -ly verwendet, fällt es dem Lernenden erfahrungsgemäß nicht leicht, zwischen Adverb und Adjektiv (Eigenschaftswort) zu unterscheiden.

Beachte folgende Beispiele:

He is a very slow swimmer.	He swims slowly.
Wie **ist** er? → langsam	Wie **schwimmt** er? → langsam
This car is very quick.	He drives quickly.

Stelle dir selbst entsprechende Fragen. Erkläre den Unterschied!

„Well" als Adverb zu „good" stellt einen Sonderfall dar:
His English is quite good. He speaks English very well.

Setze richtig ein:
○ (angry) Our baby cried ... Why are you so ... ?
○ (easy) You can do this ... It is quite ...
○ (good) Are you ... at Japanese? No, I can't speak it very ...

* Während sich in den bisherigen Beispielen das Adverb immer auf ein Verb bezog, kann es auch Adjektive näher bestimmen:
When I was in NY it was extremely hot.
When I was in Moscow it was unpleasantly cold.

* Sogar der Bezug auf ein Adverb ist möglich:
He drives extremely carefully.

* Endet ein Adjektiv bereits auf -ly, so wird das Adverb mit „manner", „way" oder „fashion" gebildet:
He greeted us in a friendly manner.
He teaches in a very lively way.

Folgende Adjektive und Adverbien sind formgleich:
This was hard work for me. He worked very hard.
(Achtung: He hardly worked. Er arbeitete kaum.)
This is a very fast car. He always drives very fast.

* Say it in English:

- ○ Es war ein schweres Spiel für Bayern München.
- ○ Unsere Englischstunden sind furchtbar langweilig.
- ○ Er kam überraschend schnell.
- ○ Er arbeitet kaum.
- ○ Meine Mutter fährt immer sehr schnell.
- ○ Naoko lächelte freundlich.
- ○ Mr. Bookbinder begrüßte ihn freundlich.
- ○ Ich muß schwer arbeiten, um genug Geld für meine Familie zu verdienen. (to earn)

Steigerung

line 19: ... are more elegant and expensive than...

Die Eigenschaftswörter *„elegant"* und *„expensive"* werden mit ‚more' und ‚most' gesteigert.

Regel: Zwei- und mehrsilbige Adjektive werden mit ‚more' und ‚most' gesteigert, außer wenn sie auf *-y* (happy – happier – happiest), *-le* (simple – simpler – simplest) oder *–ow* (narrow – narrower – narrowest) enden!

Steigere folgende Eigenschaftswörter:

difficult	________________	________________
boring	________________	________________
polite	________________	________________
famous	________________	________________
interesting	________________	________________

Ergänzung:

Auch Adverbien werden mit ‚more' and ‚most' gesteigert.
He drives carefully. She drives more carefully. I drive most carefully.

Unregelmäßige Formen: much – more – most
„much" wird bei Gegenständen verwendet, die man nicht einzeln zählen kann: Material, Flüssigkeit, Stoff usw.
(much money, much time, much water, much rain, much noise etc.)

Es wird immer wieder mit „many" verwechselt! many – more – most
„many" wird bei zählbaren Gegenständen verwendet, auch bei Personen!
(many books, many records, many people, many boys etc.)

Das Gegenteil von „much" is „little" (wenig): little – less – least (little money, less water, least time etc.)

Das Gegenteil von „many" is „few" (wenige): few – fewer – fewest (few books, fewer records, fewest boys etc.)

PART C: Text Production

Schreibe einen Brief folgenden Inhalts:
Björn Nonnenbroich hat den Brief (Seite 114f.) von Naoko Kishikawa erhalten. Kannst du ihm beim Abfassen eines Antwortschreibens behilflich sein?

Folgende Punkte sollten dabei angesprochen werden:
- ○ Schreibe, daß du dir schon Sorgen machtest, weil du schon lange nichts mehr von ihm gehört hast.
- ○ Gehe kurz auf die Begriffe in den Zeilen 29 und 30 ein und erkläre sie anhand der Originalausschnitte von Seite 116.
- ○ Schreibe, daß du ein Problem mit deinen Eltern hast: Du möchtest gerne mit Freunden nach New York fliegen, weißt aber nicht, ob sie es erlauben werden und dir die Reise bezahlen.
- ○ Schildere abschließend noch einen Tag, den du in letzter Zeit in einer deutschen Großstadt verbracht hast. (Nenne auch Sehenswürdigkeiten, Gebäude usw.)
- ○ Schließe den Brief mit der Bitte um eine baldige Antwort nach Naokos Rückkehr aus New York.

Verfasse einen Brief folgenden Inhalts:
- ○ Bedanke dich bei ... für den freundlichen Brief.
- ○ Frage, warum er/sie so lange nicht geschrieben hat. (Erkundige dich, ob er/sie eventuell krank war.) Du hast dir schon Sorgen gemacht.
- ○ Erzähle dann, was du
  - gestern,
  - vorgestern,
  - vor einer Woche usw. getan hast.
- ○ Schildere einen interessanten Tag in deinem Leben. (Uhrzeit; Tätigkeiten; „nachdem ich ... “; „sobald ich ... “)
- ○ Drücke die Hoffnung aus, bald wieder von ihm/ihr etwas zu hören.

9. Schuljahr

1. Baustein: A letter from Germany to England
Evelyn Hinderling aus Sauerlach schreibt ihrer Brieffreundin Jane Mansfield in Wrexham, Wales.
Themen: Arbeit und Beruf

PART A: Letter

Text (Ausgangstext)

1st August, 19__

Dear Jane,

No more school! Yesterday all pupils of our class left school. "Thank God, I'm fed up with school," some said. My best friend Carolin was a bit sad to leave. I can't understand her, because I want to enjoy my holidays first. I am planning to decorate my room. Perhaps Johannes, my boy-friend, is going to help me.

And what are you going to do this summer? Are you going to spend your holidays in Spain again? Is your mother still in hospital? I hope she is at home again. I wish her a quick recovery. She was so nice to me and my classmates last year when we were in Wales.

In September I have to start work. I have made up my mind to become a window-dresser, but my careers adviser said, "That sounds good, Evi, but you hardly ever find a job in Sauerlach. You could either become a secretary or a telephonist. You would have a much better chance in these jobs." Maybe he's right, but I have to talk it over with my parents first. It's very difficult to get an interesting job here. I think it's better to become a telephonist, because I like to talk to people. What do you think of this job?

It wasn't a good idea to move to Sauerlach last year. I would rather live in Munich. It always takes me about 40 minutes to get to Marienplatz, the centre of Munich. And moreover the train-tickets are expensive.

Now I have to finish this letter. The sun is shining and therefore we want to go to Bad Tölz. The swimming-pool there is called "Alpamare". It's fantastic. I'm sure you would like it, too.

With best wishes,

Evi

Comprehension (Verständnis)

Evelyns kleiner Bruder Heinz hat den Brief, den seine Schwester gestern abend schrieb, zerrissen! Kannst du ihn ergänzen?

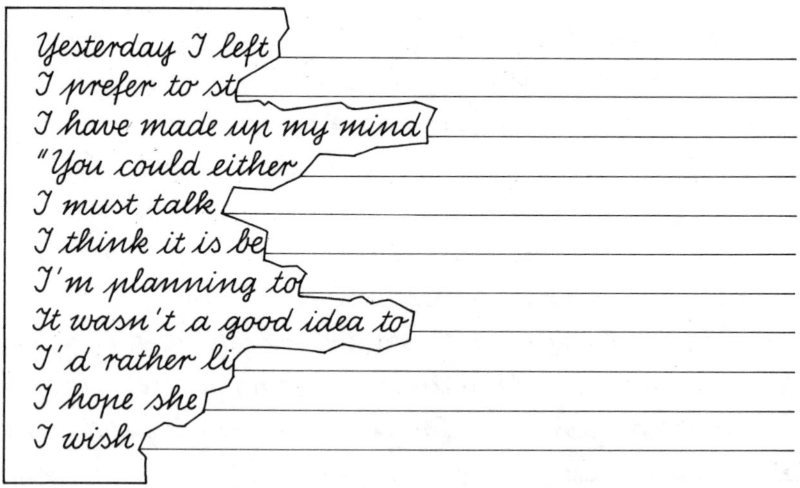

Siehe auch „Expressions", S. 134ff. Versuche, die Anfänge zu übersetzen!

PART B: Language

Vocabulary (Wortschatz)

our – hour

line 3: ... of our class ...
Vergleiche die folgenden Paare:
hour – our
I – eye
too – two
no – know
write – right

Diese Paare werden gleich ausgesprochen, haben aber verschiedene Bedeutungen und unterschiedliche Schreibweisen!
z.B. |bai|
I go ... train.
He said good- ...
Tomorrow I'm going to ... a new pullover.

Anregung für dein Klassenzimmer:
Bastelt einen Birnbaum (vielleicht 1,50 cm hoch) und schneidet dann Birnen aus einem farbigen Karton aus: Jede Birne („pear") wird mit ihrem paarigen („pair") Wort beschriftet!
z.B. flour (Mehl) und flower (Blume) | sun (Sonne) und son (Sohn). Immer wenn du ein neues Paar gelernt hast, hängst du es gut sichtbar an deinen Birnbaum!

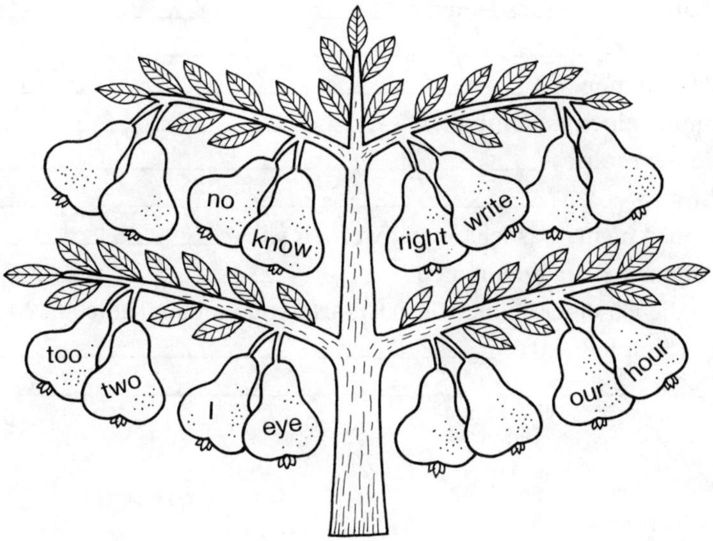

leave – left
line 3: ... all pupils ... left school.
„left" als Vergangenheitsform von „leave"
Beachte: I parked my car on the left. (links)

again
line 11: ... she is at home again.
„again" bedeutet „wieder", „nochmals"
Manchmal wird es mit „against" verwechselt: We played against class 9C.

to become
line 15: ... to become a window-dresser...
Der *Ur*fehler aller englischsprechenden Deutschen scheint das Verb „to become" zu sein!
I'm going to become a nurse. (Ich *werde* eine Schwester.)
„werden" im Sinne von: „ich ergreife einen Beruf"
I'm going to become a telephonist. (Ich werde Telefonistin.)
Aber: I will go to London. (Zukunft!) Ich werde nach London fahren.

Wenn man sagen will: Ich bekomme ein neues Auto, heißt dies:
I (will) *get* a new car.

Übersetze:
Ich möchte Schlosser werden. ______________________
Wir bekommen ein neues Haustier. ______________________
Er wird Metzger. ______________________
Ich werde kommen. ______________________
Ich bekomme einen neuen Füller. ______________________
Ich werde Sekretärin. ______________________
Was wirst du werden? ______________________
Ich weiß noch nicht, was ich einmal werden will. ______________________
Hast du meinen Brief bekommen? ______________________
Gestern habe ich eine schöne Bildpostkarte von meiner Tante aus Miami bekommen. (Simple Past!) ______________________
____

The Job Disk

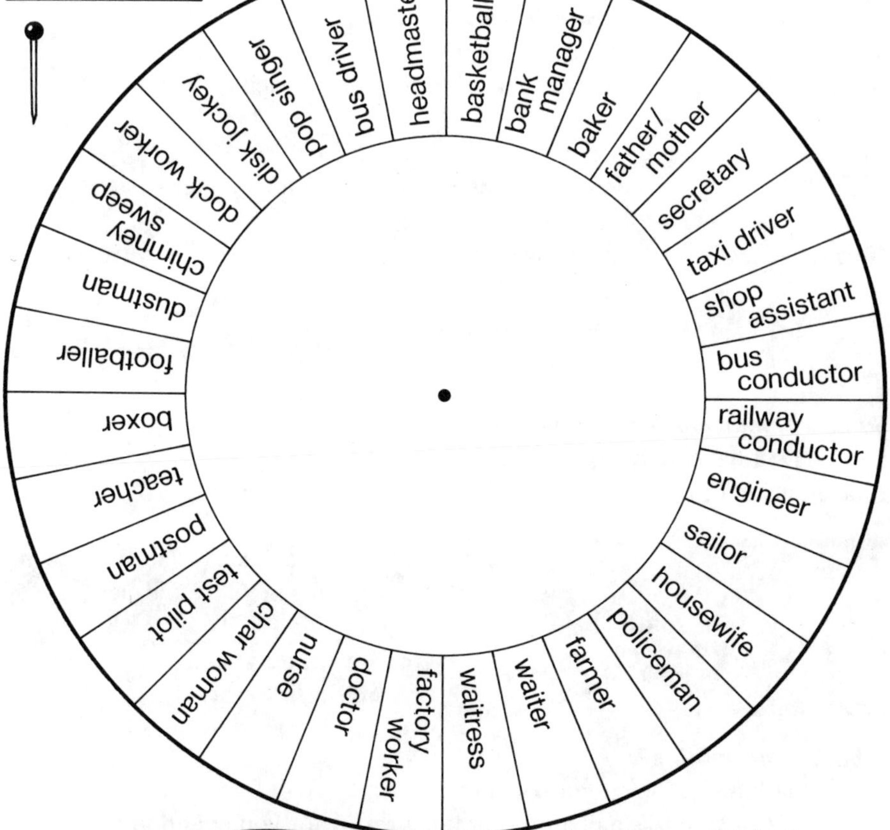

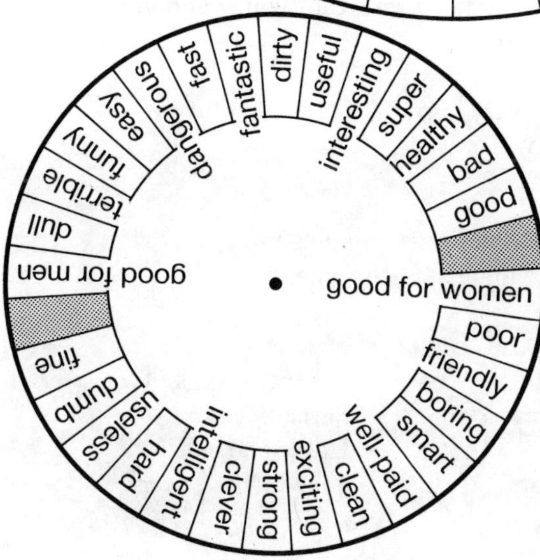

Zeichne zwei Scheiben. Schneide die größere aus. Teile Felder ein. Sammle Berufe und trage sie ein. Schneide jetzt die kleinere Scheibe aus. Teile Felder ein. Trage hier Eigenschaften ein.
Verbinde die beiden Scheiben mit einer Nadel. Steche die Scheiben an die Pinwand. Drehe und sprich über die Kombinationen!

z. B.: Waiter hard
„I think a waiter's job is very hard."

Expressions (Redewendungen)

So drückt man aus, was man lieber tun würde:

line 24: I would rather live in Munich.
Beachte auch folgenden Ausdruck: I'd prefer to ... (Ich ziehe vor ...)

	nach Österreich fahren	
	deinen Urlaub in Dänemark verbringen	
	in ... leben	
Sage, daß du lieber	zum Schwimmen gehen	würdest.
	ein Eis essen	
	Bruce Hornsby hören	
	Telefonistin werden	

So drückt man einen Entschluß aus:

line 14/15: I have made up my mind to ...
I have decided to ...

	im Urlaub nach Schottland zu reisen.
	deine Ferien in Südfrankreich zu verbringen.
Sage, daß du dich entschlossen hast,	ein Motorrad zu kaufen.
	Sekretärin zu werden.

What's your opinion?

Nimm Stellung zu folgenden Aussagen:

○ The Isle of Wight is a beautiful holiday-resort for young and old.
○ Folk music is better than hard rock.
○ Playing chess is a nice hobby.
○ Learning foreign languages is very important in our century.
○ There is a new disco in our town.

You hardly ... find ...

line 16: You hardly ... find ... (Man findet kaum ...)
„You" drückt auch das deutsche unpersönliche „man" aus.

	in deiner Gegend			
Schreibe	in deiner Stadt		Sehenswürdigkeiten	
in deinem	in deiner Gemeinde	kaum	Parkanlagen	findet.
nächsten Brief,			Hallenbäder	
daß man	in deinem Dorf		Sportplätze	
	in deinem Landkreis			

either... or...
line 17: either ... or ... (entweder ... oder ...)

Er möchte entweder	Schlosser Automechaniker Fußballspieler Astronaut	oder	Postbote Kraftfahrer Tennisspieler Computerfachmann	werden.

So drückt man einen Einwand aus, äußert Bedenken:
line 19/20: Maybe ... but I have to talk it over ...

Schreibe deinem Briefpartner / deiner Briefpartnerin,	daß	Telefonistin ein guter Beruf ist. Friseuse ein interessanter Beruf ist. Bedienung ein schöner Beruf ist. Automechaniker ein guter Beruf ist. Koch ein abwechslungsreicher Beruf ist. Schlosser ein interessanter Beruf ist.	Wende ein, daß du aber in deiner Heimatstadt keine Stelle bekommen wirst. Gib zu bedenken, daß daß dieser Beruf schlecht bezahlt wird. Entgegne, daß dich dieser Beruf nicht interessiert, weil ...

So beginnt man einen Satz, wenn man sagen will, daß es besser wäre, wenn...
line 21: I think it's better to ...

Drücke aus, daß es besser wäre,	ein Automechaniker zu werden. eine Lehre zu beginnen. noch ein Jahr zur Schule zu gehen. für die Prüfung zu lernen. nicht in die Disco zu gehen.

So drückt man aus, daß man etwas plant, beabsichtigt usw.:
line 6/7: I am planning to ...

Sage, daß du planst,	nächsten Monat nächstes Jahr	nach Wales zu fahren. bei einer englischen Familie zu wohnen. einen Sprachkurs zu belegen. 14 Tage in Wales zu bleiben. die Landschaft kennenzulernen.

line 23: „It wasn't a good idea." (Das war keine gute Idee, kein guter Gedanke.)
line 29/30: I'm sure you would like it. (Ich bin sicher, Dir würde es gefallen.)

Jobs

Say if you would like to get	Yes?	No?	Why?
a job where you must sell things			
a job where you must look after other people			
a job where you must teach or train others			
a job where you must plan your own work			
a job where you are often alone			
a job where you often travel and don't live at home			
a job where you must always look smart			
a job abroad			

Decide if you would like to have	Yes?	No?	Why?
a job where you must be good at maths			
a job where you must be good at science			
a job where you must be good at English			
a job that is artistic			
a job where you must be good at modern languages			
a job where you must be good at technical drawing			
a job where you must be clever with your hands			
a job where you must have lots of new ideas			
a job outside			
a job with animals			

line 8/9: My career advisor said...

Beim Berufsberater

Versuche, anhand der Tabelle ein Gespräch zwischen einem Berufsberater und einem Schüler/einer Schülerin abzufassen.

Berufsberater | **Schüler/Schülerin**

1. Frage, ob Jane schon weiß, was sie werden will.
2. Sage, du hast schon darüber nachgedacht, aber es wäre nicht leicht.
3. Frage sie, welches ihre besten Fächer in der Schule sind.
4. Sage, du bist gut in Kochen und in Deutsch.
5. Frage nach ihrer Freizeitbeschäftigung.

Sage, daß du auch in deiner Freizeit gerne kochst, Musik hörst und tanzt. **6**

Frage, ob sie gerne in einem Haushalt arbeiten oder Köchin werden möchte. **7**

Sage, daß du darüber nachdenken wirst. Bedanke dich. **8**

Careers Advisor: (1) ____________________

Jane: (2) ____________________

Careers A.: (3) ____________________

Jane: (4) ____________________

Careers A.: (5) ____________________

Jane: (6) ____________________

Careers A.: (7) ____________________

Jane: (8) ____________________

Stelle eine Liste von Fragen zusammen, die du bei deinem nächsten Brief verwenden kannst.

1	Frage, ob dein Interviewpartner … mag.

2	Frage, wann er zur Schule geht, wann er...
	____________________
	____________________
	____________________

3	Frage, wo er lebt, zur Schule geht...
	____________________
	____________________
	____________________

4	Frage, welchen Beruf er erlernen wird.
	____________________
	Frage, warum er ____________ werden will.
	____________________
	____________________

Am Ende eines Briefes werden häufig Fragen an den Partner gestellt.
These are all questions about your pen-friend's freetime:

Interview your partner and fill in the answers!
(Befrage deinen Partner und setze die Antworten ein!)

Names	Activity in your freetime	Frequences	Time of day/week

Try to fill in this form (Versuche, das folgende Formular auszufüllen):

Youth Employment Service – Application for Careers Advice

Name: ____
(surname) (other names)

Address: ____

School: ____

Form: ________________ Date when you will leave school: ________________

Which subjects have you studied? ______________________________

____

Telefonieren in Großbritannien:

To make a Call

Can you think of the right order?

- **Have money ready**

5p

10p

- **Listen for continuous purring**
- **Lift receiver**
- **Dial number or code and number**
- **When you hear rapid pips, press in a coin**
- **To continue a dialled call put in more money during conversation or when you hear rapid pips again**

Telephone

1	
2	
3	
4	
5	
6	

Situation: Jane Mansfield aus Wrexham in Wales möchte die Telefonnummer eines Fremdenführers in München wissen.

Jane	Telephonist
Bitte die Telefonistin um eine Auskunft.	
	Frage nach der gewünschten Nummer und dem Namen des Teilnehmers.
Verlange einen gewissen „Müller“ in ______________.	
	Erkundige dich nach der Anschrift des Teilnehmers, da es in München sehr viele „Müllers“ gibt.
Teile mit, daß er im Stadtteil Schwabing, in der Apianstr. 4 wohnt und Fremdenführer von Beruf ist.	
	Suche die Nummer heraus und nenne sie dem Anrufer.
Wiederhole die Nummer und bedanke dich für diese Auskunft.	
Bitte die Telefonistin, die Nummer langsam zu wiederholen.	
	Wiederhole die Nummer.
Bedanke dich für diese Auskunft.	

Grammar and Structures (Grammatik und Strukturen)

is called (Passiv)

line 28/29: The swimming-pool is called „Alpamare“. (Das Schwimmbad wird „Alpamare“ genannt. Das Schwimmbad heißt...)

Talking about nicknames:

Ask questions:

What is your dog / cat / hamster / budgie *called*?

My dog / My cat / My hamster / My budgie — *is called* ______________

Johannes decorates Evi's room. (Johannes tapeziert Evis Zimmer.)
In diesem *Aktivsatz* wird der „Urheber“ der Handlung, also: Johannes, an erster Stelle genannt. Der Satzgegenstand (Johannes) tut etwas mit der Satzergänzung (Evis Zimmer)! Würde man schreiben: „Johannes tapeziert“, so würde jeder fragen: „Was tapeziert er denn?“ Der Satz würde als unvollständig angesehen werden.

Evi's room is decorated.
Dies ist ein *Passivsatz*. Er drückt nämlich aus, was getan wird und worauf sich die Handlung richtet. Hier steht also nicht mehr die handelnde Person oder Sache im Mittelpunkt wie beim Aktivsatz, sondern die Sache oder Person, auf die sich die Handlung richtet. Mit dem Zimmer „geschieht etwas“.
The baby is fed. Das Baby wird gefüttert.
Hier „geschieht“ etwas mit dem Baby, es tut nichts, es ist passiv.

My ill sister is carried to hospital. (Meine kranke Schwester wird ins Krankenhaus gebracht.)
Hier „geschieht“ etwas mit meiner kranken Schwester, ohne daß sie selbst etwas dazutun kann, sie „erleidet“ sozusagen etwas.

Beachte: Diejenige Person, die etwas tut, steht im Passivsatz etwas im Hintergrund. Im Passivsatz wird ein Vorgang beschrieben, der sich auf jemanden oder etwas richtet, ohne den „Verursacher“ oder gar den „Schuldigen“ zu nennen: My cat was run over. (Meine Katze wurde überfahren.)

Suche die richtige Kombination zu finden:
(Situation: Johannes, Evi's boy-friend, helps her to decorate her room.)

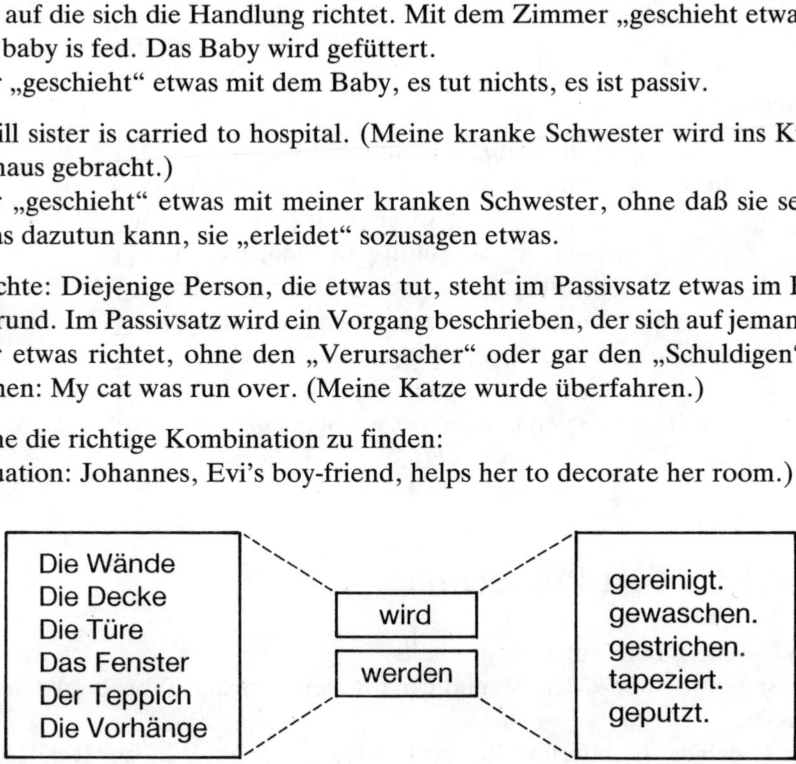

Translate it into English!

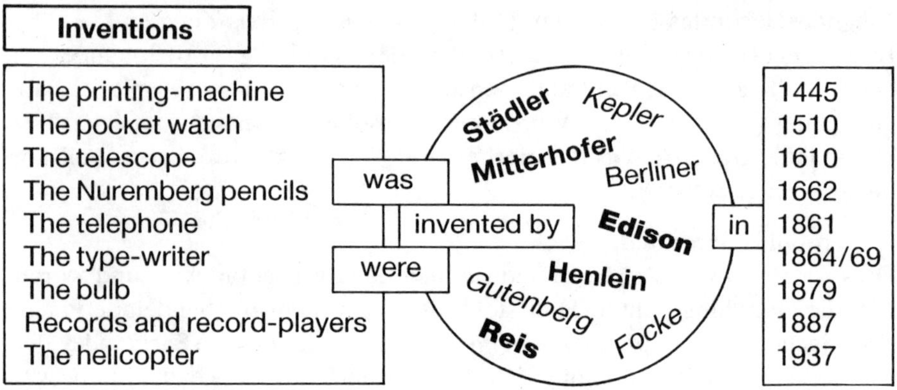

Lösungen:

The printing-machine was invented by Gutenberg in 1445.
The pocket watch . . . by Henlein in 1510.
The telescope . . . by Kepler in 1610.
The Nuremberg pencils were invented by Städler in 1662.
The telephone was invented by Reis in 1861.
The type-writer . . . by Mitterhofer in 1864/69.
The bulb . . . by Edison in 1879.
Records and record-players were invented by Berliner in 1887.
The helicopter was invented by Focke in 1937.

PART C: Text Production

Schreibe einen Brief folgenden Inhalts:
Du bist Schüler der 9. Klasse und wirst in den nächsten Wochen die Schule verlassen.

- Teile deinem Brieffreund Robert Donley in Slough, Windsor Road, Grafschaft Berkshire, England, mit,
  - daß du nur noch drei Wochen zur Schule gehen mußt,
  - daß du jetzt lieber zu arbeiten anfangen möchtest als noch ein Jahr zur Schule zu gehen,
  - daß du dich entschlossen hast, . . . zu werden,
  - warum du . . . werden möchtest,
  - daß deine Lehrzeit drei Jahre dauern wird,
  - wieviel du schon im ersten Jahr verdienst.

- ○ Frage Robert,
  - – wann er die Schule verlassen wird,
  - – was er werden möchte,
  - – ob er sich vorstellen kann, auch ... zu werden,
  - – was sein Lieblingsberuf ist.
- ○ Beende den Brief, weil du noch mit Bekannten ins Hallenbad nach ... fahren möchtest.

Schreibe einen Brief folgenden Inhalts:

- ○ Schreibe deiner Brieffreundin Margret Ladd in Baltimore, Maryland, USA,
  - – daß du vor einem Monat die Schule verlassen hast,
  - – daß du dich seitdem bemühst, eine Lehrstelle in deinem Heimatort zu finden,
  - – daß du bereits mehrmals beim Berufsberater warst,
    (Nenne die Berufe, die dir besonders gut gefallen würden.)
- ○ Erzähle deiner Brieffreundin,
  - – daß du in den nächsten Tagen dein Zimmer streichen willst,
  - – daß du dir einen neuen Recorder kaufen willst,
  - – was du in den Ferien noch tun wirst.
- ○ Frage Margret,
  - – ob sie wieder zu ihrer Tante nach Miami, Florida, fahren wird. Wenn ja: Bitte sie, dir eine Postkarte von dort zu schicken.
  - – ob ihr Vater noch im Krankenhaus liegt. Wünsche ihm gute Besserung.
- ○ Beende den Brief, weil du noch mit deiner Freundin/deinem Freund ins Kino gehen willst.

9. Schuljahr

2. Baustein: A letter from Germany to England
Howard Brougham aus York in England schreibt einen Brief aus Deutschland. Er verbringt dort seine Ferien bei Familie Schwarz in Wuppertal.

Themen: Urlaub, Reisen, Freizeitgestaltung

PART A: Letter

Text (Ausgangstext)

Briefstraße 4
5600 Wuppertal
Federal Republic of Germany

8th June, 19__

Dearest Penny,

You will be glad to hear that I have arrived safely in Wuppertal-Elberfeld. Excuse me for not writing earlier, but I had so much to do and see that I was just too tired for anything else.

I am staying with the Schwarz family. Herr Schwarz works in a big department-store in the city. He is responsible for the radio-, TV-, and video department; he even repairs video-recorders. Honestly, I wouldn't be able to do that. It's very complicated. Frau Schwarz is a housewife. Yesterday she made a fantastic cake – and I had three pieces! Have you ever heard of German "Sahnetorte"?

Frankly, I was not sure what to think about German food before I came here, but after the first meal ("Wiener Schnitzel", that's veal in bread-crumbs) I liked it very much.

Herr and Frau Schwarz have got two children, a son Daniel and a daughter Juliana. Daniel is in the ninth class of the local "Hauptschule", that's a nine-year elementary school. He is quite good at English, although he sometimes confuses words. Yesterday he said, "There's a letter for you in the brief-case." The letter was in the letter box, that's funny, isn't it?

Daniel's sister (22) is very pretty. She is studying at the University in Bonn. She said she didn't like Wuppertal. She told me she would like to become a lawyer.

The day before yesterday Daniel and I went by "Schwebebahn" ("suspension railway"). It's famous for Wuppertal. I think you would have liked it, too. I took three photos. It was really great ... and exciting!

Tomorrow we are planning to go to the zoo, which is supposed to be one of the most beautiful in Germany.

I'll write a postcard either tomorrow or the day after tomorrow. I can't wait to see you again.

Lots of love,

Howard

Comprehension (Verständnis)

After Penny had received Howard's letter from Wuppertal she proudly read it to her friends at school.
Are all these statements correct?

The truth or a lie?

Howard writes:
○ I am constantly thinking of you.
○ I stay with the Schwarz family in Wuppertal.
○ Yesterday I repaired a video-recorder.

○ Daniel is not bad at English.
○ Juliana is not as pretty as you.
○ We went by Schwebebahn; it was very exciting.
○ The Wuppertal Zoo is supposed to be the best in Germany.
○ When I am back in England I'll show you my photos.

Gib eine deutsche Inhaltsangabe zu diesem Brief. Versuche alle wichtigen Punkte zusammenzufassen.

Beginne so:
...verbringt seinen Urlaub.... Er wohnt... usw.

PART B: Language

Vocabulary (Wortschatz)

safe – save
line 6: ...safely...(sicher ankommen)
Unterscheide:
Eigenschaftswort (Adjektiv) „safe“: This car is safe. (sicher)
Hauptwort (Substantiv) „the safe“: This safe is fireproof. (Tresor)
Zeitwort (Verb) „to save“: Save money for holidays. (sparen)
He saved my life. (retten)
Umstandswort (Adverb) „safely“: He arrived safely. (sicher, unbeschadet)

So kann man sich entschuldigen, daß man nicht früher geschrieben hat:
line 7: Excuse me for not writing earlier.
Hinweis: Oft verwenden deutsche Briefeschreiber das englische Wort „forgive“, um „vergeben“ auszudrücken. Im Englischen wendet man „forgive“ jedoch nur in folgenden Situationen an:

Forgive him for being rude. ______________________________

Forgive us our trespasses. ______________________________

He forgave the debt. ______________________________

Will you forgive me the debt? ______________________________

Wie heißen diese Sätze auf Deutsch? Schreibe sie auf!

just
Beachte die verschiedenen Bedeutungen von „just“!
lines 8/9: I was just too tired for anything else. (Ich war einfach zu müde für irgend etwas anderes.)
They have just gone...(gerade, soeben)
It's just 12 o'clock...(genau)
We are just leaving...(im Augenblick)

I am just busy now ... (im Augenblick)
Just listen to him! (Hör ihm doch 'mal zu!)
I have just come here to see you. (... nur um dich zu sehen.)

responsible for
line 11/12: He is responsible for ... (verantwortlich für)

department
line 12: Radio-, TV-, Video department
Aufgabe: Gehe in ein Fachgeschäft oder in die entsprechende Abteilung eines Kaufhauses und laß dir Prospekte geben. Welche englischen Begriffe findest du? Schreibe sie heraus und erkläre sie!

Beispiel:

amplifier	=	Verstärker
________	=	________
________	=	________
________	=	________

Deutsche Begriffe
line 15/16: Have you ever heard of German „Sahnetorte"?
Hinweis: Dieser Brief ist ein Beispiel dafür, daß man durchaus auch deutsche Wörter in einen englischen Brief einbauen kann. Sie sollten dann aber durch Umschreibungen, Erklärungen usw. dem englischsprachigen Leser erschlossen werden! Dies gilt hauptsächlich für sogenannte „unübersetzbare" Wörter und Ausdrücke.

Aufgabe: Suche weitere Beispiele aus dem Brief!

Versuche folgende Wörter auf englisch zu erklären:

Hauptschule
Realschule
Berufsschule

Zahnradbahn

Rheinischer Sauerbraten

Fußballbundesliga

Zuckerwatte

piece – peace
line 15: ... I had three pieces!
Unterscheide: a piece of cake (ein Stück Kuchen)
Make peace not war! (Macht Frieden und nicht Krieg!)

to attend – to visit
line 21: Daniel is in the ninth class...
Wenn man sagen will: „Daniel besucht die Schule", verwendet man das Verb „to attend". He attends school. She attends a meeting/a lecture. Häufig wird „besuchen" mit „visit" übersetzt. „visit" bedeutet „besuchen" im Sinne von: I visit my uncle, aunt, grandparents etc.

although
line 23: He is quite good at English, although... (obwohl)
Siehe dazu: Grammar and Structures, S. 151f.

good – bad
line 23: He is quite good at English. (Er ist ganz gut in English)
Zusammensetzungen mit „good":

good-bye
a good-fellow (ein netter Kerl, ein guter Kamerad)
good humour (gute Laune)
Good Friday (Karfreitag)

He is good at English. Die Präposition nach „good" ist **at.**

Steigerung: good – better – (the) best
Adverb: He swims well.

Beachte auch: Where are the goods? (Güter, Waren, Gegenstände)

Das Gegenteil von „good" ist „bad".
z.B. in Verbindung mit: a bad boy (ein böser, ungezogener Junge); bad news (schlechte Nachrichten, schlechte Neuigkeiten); a bad finger (ein schlimmer, verletzter Finger);

He is bad at English. Die Präposition nach „bad" ist auch **at**.

Steigerung: bad – worse – worst
Adverb: He swims badly.

to stay
line 10: I am staying... (bleiben, aufhalten)
Dieses Grundwort wird häufig mit „stehen" übersetzt. Dies ist falsch!
I stayed in England. (Ich hielt mich in England auf.)

lawyer
line 29: ... to become a lawyer. (Rechtsanwalt, Jurist)
Vergleiche: law (Gesetz)

famour for
line 31: It's famous for... (berühmt für)
Vergleiche: A man who is popular with his neighbours. (beliebt bei)

Sage es auf Englisch:
München ist berühmt für seine Museen, Theater, Geschäfte und Parkanlagen.
London ist berühmt für seine historischen Gebäude.
Surfen ist bei jung und alt beliebt.
Herr X. ist bei seinen Schülern sehr beliebt.

exciting
line 32/33: It was ... exciting! (sehr aufregend, spannend)
Folgende Adjektive werden oft verwechselt! Beachte den Unterschied in der Endung.

exciting	–	I'm excited (aufgeregt)
interesting	–	I'm interested in
boring	–	I'm bored
tiring	–	I'm tired
confusing	–	I'm confused

Überlege dir die verschiedenen Bedeutungen dieser Adjektive. Bilde mit jedem Adjektiv einen sinnvollen Satz!

Expressions (Redewendungen)

Eine Redewendung, die sich ganz besonders für den Briefanfang eignet:
line 6: You will be glad to hear that... (Du bist sicherlich froh zu hören, daß...)

Schreibe deinem Briefpartner, daß er sicherlich froh ist zu hören,	daß	es dir gut geht. du gut in ... angekommen bist. es dir in ... gefällt. das Essen gut ist. ihr in einer schönen Jugendherberge seid. das Wetter schön ist.

So drückt man aus, so gesteht man, daß man etwas nicht tun könnte:
line 13: Honestly, I wouldn't be able to do that. (Ehrlich gesagt, ich würde das nicht können.)

Gib zu, daß du	Radios Fernsehgeräte Videorecorder Schachcomputer	nicht reparieren könntest.

In diesem Zusammenhang ist auch folgende Redewendung zu beachten:
I am afraid I will be late. (Ich fürchte, ich bedauere, es tut mir leid, leider ...werde ich zu spät kommen.)

I'm afraid I can't help you.
You'll get caught in the rain, I'm afraid.
I'm afraid it's too late to ring up Mr. X.

Sag, daß es dir leid tut, daß du nicht	nach Australien fahren kannst, weil du nicht genug Geld hast.
	kommen kannst, weil du deine Schwester im Krankenhaus besuchen mußt.

So kannst du einen Satz einleiten, wenn du sagen willst „Offen gestanden...":
line 17: Frankly, . . .
(Vergleiche auch line 13: „Honestly, . . .)
Schreibe drei Sätze mit diesen Adverbien.

Mit diesem Satzanfang kann man Überzeugung (I am sure...), aber auch Zweifel (I am not sure) zum Ausdruck bringen:
line 17: . . . I was not sure . . .

Sage, daß du (nicht)	sicher überzeugt	bist, warst,	was du von englischem Essen was du von amerikanischen Filmen was du von deutschen Autos was du von französischen Weinen	halten sollst.
			wann dein Briefpartner antworten wird. daß deine Brieffreundin nächste Woche kommt. daß dein englischer Brieffreund bei euch wohnen will. ob er/sie deine Postkarte beantwortet.	

So äußert man Gleichgültigkeit und Toleranz:
I don't mind. (Es macht mir nichts aus)
I don't care what people say. (Es ist mir egal, es kümmert mich nicht, was die Leute sagen.)
It doesn't matter. (Das macht nichts, ist schon gut.)

So kann man einen Satz abwägend einleiten: I think.../I believe...
So kann man einen Einwand ausdrücken: I don't think.../I don't believe...
line 32: I think you would have liked it, too.
Ergänzung: Maybe | Perhaps, but I believe... | I think

Sage, daß du denkst | glaubst, Sage, daß du nicht denkst | glaubst,	daß dein Briefpartner	schreiben antworten kommen anrufen	wird.

to take
line 32: I took three photos. (Ich machte drei Aufnahmen.)
Beachte den Unterschied: I'll take a photo. (Ich mache eine Aufnahme.)
Weitere Ausdrücke mit dem Verb „take":
He has taken my wallet. (nehmen, im Sinne: stehlen)
I'll take you to the station. (hinbringen)
Take a seat! (Nehmen Sie Platz!)
I took the driving test in November. (Prüfung ablegen, machen)
Who takes you for English, Bob? (Wer unterrichtet bei euch Englisch? Bei wem habt ihr Englisch?)
I took English (Englisch wählen, als Wahlfach nehmen usw.)
He always takes a long walk in the park (einen Spaziergang machen)
Morgan took drugs, pills and medicine (zu sich nehmen, einnehmen)
Sam and Julia took coffee in the dining-room (trinken Kaffee)
Did you take notes? (Notizen machen)
It takes five minutes (dauern).
I took a taxi to the airport (Taxi nehmen, mit dem Taxi fahren)
Merry took the plane to Chicago (fliegen, Flugzeug nehmen).
She took a bath (ein Bad nehmen).
I will take my holiday in August (Urlaub nehmen, machen)

Grammar and Structures (Grammatik und Strukturen)

Bindewörter (Conjunctions)
line 23: although he sometimes... (...obwohl er manchmal)...

Kennst du die Bedeutung folgender Bindewörter (Conjunctions)?
Welche findest du im Brieftext? Unterstreiche sie!
and | but | although | so | because | or | that | either...or

Setze sie ein:
○ Why did Robert Earl Jones invite Karen? – He invited her, ________ she is his partner in a new film.

- ○ I will ____________ write tomorrow ____________ next week.
- ○ He is very clever ____________ he is only six.
- ○ My new pullover is red ____________ blue.
- ○ Do you need a stamp ____________ an envelope?
- ○ I definitely know ____________ he is British.
- ○ I can understand some words, ____________ not all.
- ○ He was running very fast, ____________ he is tired now.

Ergänzung für den fortgeschrittenen Lerner:

Oft sind persönliche Briefe eine reine Aneinanderreihung von unzusammenhängenden Sätzen. Das liegt daran, daß der Verfasser Punkt für Punkt der Angaben (siehe „Text Production") bearbeitet hat. Für den Leser wirken solche Briefe wie eine Liste.

Um diese „check-lists" zu vermeiden, seien hier noch weitere Bindewörter genannt, die einen Brief flüssiger und zusammenhängender gestalten:

then	dann, danach, abschließend
after	nachdem
in the end	schließlich, endlich
at last	endlich
finally	endlich
so	deshalb, daher
therefore	deshalb, daher
however	jedoch
by the way	übrigens
in addition to this moreover besides	außerdem, übrigens, und überhaupt...

Lies dir alle 10 Musterbriefe durch. Findest du diese verbindenden Wörter in den einzelnen Texten? Unterstreiche sie farbig! Schreibe selbst Sätze mit diesen Wörtern.

False Friends

line 24/25: There is a letter for you in the brief-case.

Kannst du erklären, welcher Fehler Daniel hier unterlaufen ist?

Wörter, die dem Deutschen durch ihren Klang einen bestimmten Sinn aufdrängen wollen, in Wirklichkeit eine ganz andere Bedeutung haben, nennt man: False Friends – Falsche Freunde. Wenn man Englisch lernt, muß man besonders die Bedeutung dieser Wörter gut kennen:

a nice gift ____________________

a new gymnasium ____________________

I was sitting on the bank. ____________________

That's modern art. ____________________

He became a mechanic. ____________________

That's also true. ____________________

We live on the first floor. ____________________

Where is the map? ____________________

The mist of London. ____________________

I spend my money on a taxi. ____________________

He went to the new stadium. ____________________

Mr. X. is an undertaker. ____________________

Look at that warehouse. ____________________

Erkläre die Sätze auf deutsch! Unterstreiche die „falschen Freunde" mit einem Farbstift!

* Sieh im Wörterbuch nach oder frage deinen Englischlehrer: „Wenn ‚gift' nicht ‚das Gift' bedeutet, was heißt dann ‚Gift' auf englisch?" „Wenn ‚gymnasium' nicht . . . usw."

Question tag (Frageanhängsel)

line 25/26: . . . that's funny, isn't it? (. . . das ist doch komisch, nicht wahr?)
Beachte die folgenden Beispiele:

You **are** English, **aren't** you?

(+) (−)

He was in England, wasn't he?

Howard can understand some German, can't he?

Next week he will travel back to England, won't he?

Frau Schwarz has been to England once, hasn't she?

You live in Wuppertal, don't you?

Sam works in a department-store, doesn't he?

Juliana wanted to go to university, didn't she?

Merke: Steht in der Aussage ein Vollverb, wird „Question tag" mit „to do" gebildet.

Was fällt dir bei diesen Sätzen auf?

Der Aussagesatz („You are English") ist immer positiv.

Das Frageanhängsel (‚Question tag') wird dadurch negativ.

Hinweis: Es gelten die gleichen Regeln wie bei der Verneinung und Fragebildung.

Juliana isn't interested in videos, is she?

⊖ ⊕

He wasn't in Bonn, was he?

He can't speak German, can he?

Herr Schwarz won't travel to England next year, will he?

He hasn't been to England, has he?

You don't like German food, do you?

Howard doesn't like writing letters, does he?

He didn't write a postcard, did he?

Merke: Steht in der Aussage „do", „does" oder „did", so bleibt auch im „Question tag" „do", „does" oder „did".

Diese Aussagen sind alle negativ.
Das Frageanhängsel wird dadurch positiv.
Das Anhängsel kann man mit „nicht wahr", „oder" usw. übersetzen.

Versuche das richtige Anhängsel zu finden:

- ○ Jean can cook well, ____________________?
- ○ He is always late, ____________________?
- ○ German women don't wear hats much, ____________________?
- ○ She hasn't seen the Eifel Tower, ____________________?
- ○ There are a lot of taxis in London, ____________________?
- ○ He lives in Rome, ____________________?
- ○ You won't be late, ____________________?
- ○ Mr Duff doesn't like calf's liver, ____________________?
- ○ You weren't at school yesterday, ____________________?
- ○ She likes roast veal, ____________________?
- ○ You went to Italy by car, ____________________?
- ○ You have been to the Greek restaurant, ____________________?

*** *Reported Speech (Indirekte Rede)***

line 28: She said she didn't like Wuppertal. (Sie sagte, ihr gefiele Wuppertal nicht.)

line 28/29: She told me she would become a lawyer. (Sie erzählte mir, sie würde Rechtsanwältin werden.)

Diese beiden Aussagen stehen in der indirekten Rede (indirect or reported speech)

Juliana hatte nämlich wörtlich gesagt:
„I don't want to stay in Wuppertal."
und „I will become a lawyer."

Grundsätzlich gilt: Steht der Hauptsatz (She said, she told me...) in der Vergangenheit, so muß auch in der indirekten Rede eine Zeit der Vergangenheit stehen.
Beachte folgende Beispiele:

Martin said	„I like discos."	M. said	he liked discos.
	„I am a pop music fan."		he was a fan. (er wäre, er sei)
	„I played the drums."		he had played...
	„I was ill in bed."		he had been ill.
	„I have come back."		he had come back.
	„I will buy a keyboard."		he would buy a keyboard.

Merke: Vor der indirekten Rede steht im Englischen **kein** Komma!

Steht der Hauptsatz in der Gegenwart (He says, he thinks etc.), so bleibt in der indirekten Rede dieselbe Zeit wie in der direkten Rede!
Beispiel: He says I will come. He says he will come.

Setze folgende direkte Aussagen in die indirekte Rede:

She said, „I will be in Cologne on Monday."

She said, „I like to go to the cinema."

He said, „My sister went to the theatre on Tuesday."

She said, „I am new."

He said, „I have seen Ute Lemper in Concert."

She said, „I was on holiday in Portugal."

He said, „My brother was ill yesterday."*

* Zusätzliche Hinweise:
„yesterday" (direct speech) wird mit „the day before" wiedergegeben
„today" mit „that day"
„tomorrow" mit „the next day"
„last year" mit „the previous year"

Das Bindewort (Conjunction) steht entweder direkt nach dem einleitenden Verb, oder aber es wird weggelassen, da es nicht so wichtig ist.
Wie lauten die nachfolgenden Sätze in der direkten Rede?

She said (that) she had seen her* own ghost that day.

____

The gangster said he had forgotten the combination of the safe.

____

The policeman said he had phoned the previous week.

____

The landlady said she would spent her* birthday on the Isle of Wight the next day.

____

* Achte darauf, daß sich das besitzanzeigende Fürwort ebenfalls ändert!

So äußert man eine Behauptung:
line 34/35: ...the zoo which is supposed to be one of the most beautiful...
(...der Zoo soll, es wird behauptet, daß er einer der schönsten und besten ... sein, sei.)

	...der beste deutsche Fußballspieler ist.
	...die attraktivste Sängerin ist.
Behaupte, daß	...die schönste Stadt ist.
	...das interessanteste Buch ist.
	...der spannendste Film ist.

Ergänzung: „sollen"
He should call tomorrow. (Er sollte morgen anrufen.)
You should help your mother. (Du solltest deiner Mutter helfen.)
Damit wird eine Verpflichtung ausgedrückt.
He should have blue eyes. (Er sollte, er müßte eigentlich blaue Augen haben.)

„should" drückt aber auch einen Wunsch, eine Vorstellung von etwas oder jemanden aus.
* „should" wird oft auch durch „ought to" ersetzt: He ought to go now! (Eigentlich müßtest du jetzt aber gehen.)
The letter ought to arrive by Monday. (Der Brief müßte eigentlich bis Montag ankommen.)

Wanted!

Wenn man sich als Briefpartner vorstellen will, sollte eine genaue Personenbeschreibung nicht fehlen:
Lies dir folgende Angaben zu Rex Quiller durch! Versuche dann die Fragebogen entsprechend auszufüllen.

WANTED

NAME: ***Rex Quiller, called „Old Scarface"***
AGE: ***31***
SEX: ***male***
HEIGHT: ***5 feet, 11 inches***
WEIGHT: ***165 lbs.***
HAIR: ***fair***
EYES: ***light blue***
CLOTHES: ***black leather trousers; grey pullover with panda-bear picture on it; dark-blue hat;***
one front tooth missing;
sometimes wearing an eye patch

Gewicht D	USA	GB + CC	*Gewicht* D	USA	GB + CC
32 Kilogramm =	70 lbs. =	5 stone	59 Kilogramm =	130 lbs. =	9 stone 4
34 Kilogramm =	75 lbs. =	5 stone 5	61 Kilogramm =	135 lbs. =	9 stone 9
36 Kilogramm =	80 lbs. =	5 stone 10	64 Kilogramm =	140 lbs. =	10 stone
38 Kilogramm =	85 lbs. =	6 stone 1	66 Kilogramm =	145 lbs. =	10 stone 5
41 Kilogramm =	90 lbs. =	6 stone 6	68 Kilogramm =	150 lbs. =	10 stone 10
43 Kilogramm =	95 lbs. =	6 stone 11	70 Kilogramm =	155 lbs. =	11 stone 1
45 Kilogramm =	100 lbs. =	7 stone 2	73 Kilogramm =	160 lbs. =	11 stone 6
48 Kilogramm =	105 lbs. =	7 stone 7	75 Kilogramm =	165 lbs. =	11 stone 11
50 Kilogramm =	110 lbs. =	7 stone 12	77 Kilogramm =	170 lbs. =	12 stone 2
52 Kilogramm =	115 lbs. =	8 stone 3	79 Kilogramm =	175 lbs. =	12 stone 7
54 Kilogramm =	120 lbs. =	8 stone 8	82 Kilogramm =	180 lbs. =	12 stone 12
57 Kilogramm =	125 lbs. =	8 stone 13			

Längenmaße	
1,32 m = 4 feet, 4 inches	1,60 m = 5 feet, 3 inches
1,35 m = 4 feet, 5 inches	1,62 m = 5 feet, 4 inches
1,37 m = 4 feet, 6 inches	1,65 m = 5 feet, 5 inches
1,40 m = 4 feet, 7 inches	1,67 m = 5 feet, 6 inches
1,42 m = 4 feet, 8 inches	1,70 m = 5 feet, 7 inches
1,44 m = 4 feet, 9 inches	1,73 m = 5 feet, 8 inches
1,47 m = 4 feet, 10 inches	1,75 m = 5 feet, 9 inches
1,50 m = 4 feet, 11 inches	1,78 m = 5 feet, 10 inches
1,52 m = 5 feet	1,80 m = 5 feet, 11 inches
1,55 m = 5 feet, 1 inch	1,83 m = 6 feet
1,57 m = 5 feet, 2 inches	1,85 m = 6 feet, 1 inch

Fill in this Questionnaire!

You: I'd like a ____________________[1] pen-friend.

Q.: A boy or a girl?

You: ____________________________

Q.: How old should he / she be?

You: ____________________________

Q.: What hobbies should he / she have?

You: ____________________________

Q.: What are your interests? What do you do in your spare-time?

You: ____

____

____

____

____

____

____

Q.: How should he / she look like?

You: He / she should have __________ hair, __________ eyes.

Q.: Which school should he / she attend?

You: ____

Q.: Should he / she be interested in Germany, German pop music etc.?

You: ____

Q.: Could you give me your name and address, please?

You: ____

Q.: We'll try to find someone for you. We'll inform you in a few days. Thank you.

[1] Fill in the nationality!

Jim Saunders has filled in this questionnaire. Can you find the missing words in the left column? (Trage die fehlenden Begriffe in die linke Spalte ein.)

	Saunders
	Jim
	October 26th, 19
	5 ft 4 inches (5' 4")
	90 lbs
	short / fair
	dark-blue
	Evelyne (19) and William (10)
	I like History best.
	I like Geography least.
	hang-gliding and surfing
	Michael Jackson
	I intend to become a window-dresser.

PART C: Text Production

Schreibe einen Brief folgenden Inhalts:
Situation: Du bist von Familie Crowley nach London eingeladen worden. Du wohnst im Londoner Vorort Finchley, Park Lane 64.

- ○ Entschuldige, daß du nicht früher geschrieben hast, aber du hattest keine Zeit, weil du so viele Ausflüge nach London gemacht hast. Erzähle, was du gesehen hast.

- ○ Schildere das Familienleben bei den Crowleys: Mr Philip Crowley ist Abteilungsleiter in einem Londoner Kaufhaus; Mrs Vinnette Crowley ist Hausfrau; die Kinder Kathleen (14), Heather (10) und Gordon (7) gehen alle zur Schule. Kathleen möchte Sekretärin werden.
- ○ Erzähle, was ihr noch unternehmen wollt.
- ○ Sage, daß du dich freust, bald wieder in Deutschland zu sein.

Schreibe einen Brief folgenden Inhalts:
Situation: Du hast bei einem Preisausschreiben eine Reise nach Neuseeland gewonnen. Du wohnst in einem Hotel in Wellington. Von dort aus werden jeden Tag Ausflüge ins Land gemacht.

- ○ Schildere anhand des folgenden Prospekts, was ihr schon alles gesehen habt. (Hinweis: Dabei solltest du nicht alle Sätze wörtlich abschreiben, sondern die wichtigsten Informationen über das Land einfließen lassen.)
- ○ Drücke deine Vermutung aus, daß Neuseeland das schönste, beeindruckendste und faszinierendste Land der Welt ist.
- ○ Sage, daß du in 10 Tagen wieder nach Deutschland fliegen wirst.

"May we take you three words away from everything that's everyday?"

"New Zealand ... please." Three words to be spoken when you're ready to head some place really special. A simple request that brings you a country apart, the vacation opportunity of a lifetime.

New Zealand. A long, dreamy island chain with far more than its fair share of tourist delights. A home for thundering geysers, deeply cleft fiords, magnificent ski slopes and craggy mountain peaks. A refuge with tranquil lake resorts, wide-open grassland plains and hundreds of blue-water bays.

Here you try your luck with all kinds of land and watersports. Delve into fascinating art and culture forms, relive colourful history and tour compact, clean modern cities. And experience the greatest climatic come-on of all; a country where the seasons are the reverse of those in the Northern Hemisphere – cold northern winters become balmy New Zealand summers as you scurry south.

You'd better come prepared to stay at least ten days; precious little time to enjoy a tourist playground of such diversity, a country apart that's jet ride easy to reach from wherever you happen to be right now.

New Zealand. A quite unusual, always captivating South Pacific hideaway that you don't visit, you explore. With absolute ease.

New Zealand ... Please

D. Unterrichtssequenz mit Brief „This is your last warning."

6. Schuljahr · Englisch

Vorüberlegungen

Im nachfolgenden Teil wird versucht, eine Unterrichtssequenz beispielhaft zu skizzieren. Dieser Vorschlag soll dem Unterrichtenden Anregung und Hilfe für die tägliche Unterrichtspraxis sein.
Bewußt wurden dabei viele Aspekte aus den einzelnen Bausteinen berücksichtigt, die, wie beispielsweise Bildmaterial, Tabellen u.ä. als Einstieg und Transfer auf analoge Situationen verwendet werden können.
Diese Unterrichtszeiteinheiten sollen auch aufzeigen, wie eng sich das Briefeschreiben mit dem „normalen" Prozeß des Fremdsprachenlehrgangs verknüpfen läßt.

Brief

10, Richmond Street
Oxford
England
July 21st, 19__

Dear Gesine,

Thanks for your letter and the wonderful photos of your family and your home-town Bremen. I've enclosed some pictures of my home-town for you. Do you like them?

I was interested to hear about school life in Germany. You are lucky to finish at 1 p.m. - we have lessons till a quarter to four - have a look at our time-table. It's terrible! I'm surprised that German pupils sometimes repeat a whole year. And you do a lot of tests. What does a 5 in Biology mean? Is it good or bad? How much homework do you get every day?

In your letter you asked me to tell you something about my school in England. Well, there are twenty-seven boys and girls in Class 3S. My friends and I don't get very good marks; we like jokes better than school. My greatest problem is: I often forget things: pens, pencils, rulers etc. Then my Maths teacher, Miss Short, always says, "Susan, this is your last warning!" I can't think of school when I am at home and so I forget books, rubbers, even my school-bag!

That's all for today.

Please write soon,
your English pen-friend
Susan

We live in this old house.
Our flat is on the first floor.

This is me with
my dog "Whitey".

This is the beautiful
landscape where we live.

Lernziele	
○ Kenntnis der die *Sprachsituation* »This is your last warning« bestimmenden *Redemittel* und *grammatischen Strukturen.*	Jeder Brief ist in eine reale altersgemäße, kindgerechte Situation eingebettet Wiederholung, Erweiterung und Aktivierung der für das Briefeschreiben notwendigen Redemittel Bewußtmachung und übende Wiederholung ausgesuchter Fälle der englischen Grammatik
○ Kenntnis des *Wortschatzes,* der dieser Unterrichtssequenz zugrunde liegt (Unterrichtsfächer, Gegenstände für den Unterricht usw.).	Wiederholung und Festigung des Wortschatzes mit Erweiterung auf thematisch nahe Felder
○ Fähigkeit, den Ausgangsbrief inhaltlich zu *verstehen,* ihn phonetisch korrekt zu *lesen* und eventuell einzelne, ausgewählte Textpassagen in die Muttersprache zu *übersetzen.*	Schulung des sinnentnehmenden Lesens; Schulung eines aussprachekorrekten Lesens Überprüfung einzelner Textstellen durch Übersetzung in die Muttersprache
○ Fähigkeit, *»Comprehension Questions«* (siehe S. 167) zu beantworten.	Überprüfung des Textverständnisses (Global- und Detailverständnis)
○ Fähigkeit, einen gelenkten, quasifreien *Antwortbrief zu verfassen* (siehe 1. UZE-Ende).	Vorbereitende Übungen zum „freien" Briefeschreiben
○ Fähigkeit, die englischen Bezeichnungen für die einzelnen Unterrichtsfächer kennenzulernen, sie phonetisch einwandfrei *aussprechen* und lesen zu können und sie orthographisch richtig *schreiben* zu können.	Aussprachschulung Rechtschreibtraining
○ Fähigkeit, grob die Unterschiede zwischen der Schule in der Bundesrepublik und *England* zu erkennen.	Der landeskundliche Aspekt dieser Unterrichtszeiteinheit („immanente Landeskunde")

Unterrichtssequenz

1. Unterrichtszeiteinheit (90 Min.): Erarbeitung des Ausgangsbriefes »This is your last warning«

Zeitangaben je nach Leistungsstand der Lerngruppe

The Impulse

Um die Motivation in der Klasse zu erhöhen, empfiehlt sich ein Anreiz durch Bilder; der Lehrer zeigt die Photographien und erzählt, daß Susan aus Oxford (evtl. auf einer Englandkarte zeigen!) einen Brief an Gesine Mester, 2800 Bremen, geschrieben hat.

Motivierender Einstieg durch den Einsatz von Bildmaterial oder Graphiken

Confrontation with the Letter

Der Lehrer teilt den von Sheila Brown handgeschriebenen Brief an seine Schüler aus und bittet sie, ihn drei Minuten lang still zu lesen.

Handschriftliche Texte erhöhen die Authentizität und Originalität des Ausgangstextes

Stilles Er-lesen des Brieftextes: realitätsbezogener Fremdsprachenunterricht!

Checking Global Understanding

Zum Überprüfen des Globalverständnisses bieten sich mehrere Variationen an:

Kontrollaufgaben

a) Der Lehrer liest Sätze aus dem Brief vor; nach jedem »statement« soll der Schüler durch Aufheben einer grünen Karte für »True« oder einer roten Karte für »False« seine Entscheidung treffen.

Zuerst: Überprüfung des Globalverständnisses durch „Abstimmung"

b) Die Schüler sollen in ihrer Muttersprache *kurz* zusammenfassen, was im Brief steht.

Dann: Zusammenfassende Wiedergabe in deutscher Sprache

Let's look at the Letter (Let's look at the Language)

Es schließt sich die Phase der exakten Erarbeitung des Brieftextes an. Dabei kann auf ein evtl. vorher vereinbartes »Underline the words which you don't understand« zurückgegriffen werden. Aber auch eine Schritt für Schritt, d.h. Satz für Satz ablaufende Betrachtung und Klärung schwieriger Wörter und Redewendungen ist natürlich denkbar. Die unbekannten Wörter werden gesondert an der Tafel fixiert. Die richtige Aussprache dieser Wörter wird durch Chor-, Gruppen- und Einzelsprechen geschult.

Tafelanschrift von „Key words" und „cores"

Ausspracheschulung

Reading the Letter

Das Sprachvorbild des vom Lehrer gelesenen Textes sollte in dieser Jahrgangsstufe einem Einzellesen der Schüler vorausgehen.
Als besondere Motivation hat sich die Aufzeichnung von gelesenen Texten und Dialogen auf Tonband oder Kassette erwiesen. Sie könnte die 1. Unterrichtszeiteinheit ideal abrunden und zum Transfer überleiten:

Kontrollaufgabe: Der Brieftext wird auf Band gesprochen

Writing an Answer to Sheila Brown's Letter

Hinweis: Je nach Leistungsstand können die Schüler den Lückenbrief (siehe S. 168) *mit* oder *ohne* die aufgeführten Lösungswörter ausfüllen, die dann als »Scrambled words« angeboten werden müßten.

Stark gelenkte Übung als Vorbereitung des „freien" Schreibens

2. Unterrichtszeiteinheit (45 Min.): Begegnung mit Susan Brown's Time-Table

Teacher: Susan Brown has enclosed her time-table (teilt dabei den Stundenplan aus). Let's have a look at the subjects, please.

Vergleiche die Abbildungen Seite 44

Step 1

Zunächst könnten die Unterrichtsfächer vorgesprochen und von den Schülern nachgesprochen werden, die vom Schriftbild her unzweifelhaft ihre Bedeutung erkennen lassen.

Intensive Ausspracheschulung

Step 2

Nun schließen sich die schwierigeren Unterrichtsfächer an. P. E. bedeutet: Physical Education – Leibeserziehung. Die Schüler sollten *alle* Unterrichtsfächer mehrmals schreiben, damit eine gewisse orthographische Sicherheit eintritt.

Rechtschreibtraining

Step 3

Arbeitsblatt

Die Schüler sollen als Hausaufgabe versuchen, den abgedruckten Stundenplan anhand der Symbole auszufüllen. Natürlich läßt sich dieses Blatt ebensogut als Test für die Überprüfung dieser Stunde einsetzen.

Arbeitsblatt/Lernkontrolle vergleiche Seite 45

Comprehension Questions:
1. Where does Susan Brown live?
2. What has she enclosed in her letter?
   (How do you like these photos?)
3. Why does Susan think German pupils are lucky?
4. What does she want to know about school marks in Germany?
5. What does she often forget?
6. Why is her class-teacher angry?
7. What does her class-teacher say then?

Complete the following sentences:
1. At school in England lessons end at ______________________________
2. Susan is interested to hear about Gesine's ________________________
3. Susan is surprised that German pupils sometimes ___________________
   year.

Find a word for the following definition:
1. Do something again and again: _______________________________
2. Notice of possible danger or unpleasant (unangenehm) consequences:
   ____
3. Maths, French, Technical Drawing etc. are ______________________

Arbeitsblatt

Dear Susan,

Thank you ________________ for your ________________ letter. I have ________________ at the photos of the ________________ house and the beautiful ________________. I have one ________: Why is there a wall between the fields? Can you ________________ something about your dog, please.
Do you have to ________________ a whole year in England, too? A „5" in ________________ is a very bad ________________. We get ________________ every day. Sometimes we have to ____________ homework from 3 p.m. till 5 p.m.
Your problem is not so ____________, because I often ____________ things, too. Then my class ________________ says, „Du alte Schlafmütze" (I can't translate this expression!)
At the moment we have summer ________________. I often go to the ________________-pool or to the ________________ court. Next week my parents and I will ________________ to Celle. My Uncle, his ________________ is A. Schmidt, lives there. He ____________ a nice old man. He writes books.

Your ________________
Gesine

Lösung in der richtigen Reihenfolge:
very much / interesting / looked / old landscape / question / write / repeat / Biology / mark / homework / do / bad / forget / teacher / holidays / swimming / tennis / go (travel) / name / is / German pen-friend

E. After all... (Anregungen für den fortgeschrittenen Lerner)

Im folgenden Anhang werden weitere Redewendungen, Ausdrücke und Wörter aufgelistet, die sprachlich über den bisherigen Rahmen hinausgehen. Sie sind für den *fortgeschrittenen Lerner* gedacht, der in seinen Briefen sprachlich variieren und dabei Nuancen zum Ausdruck bringen möchte. Außerdem muß in der Formulierung unterschieden werden zwischen einem Brief an jemanden, den man sehr gut kennt, und einem offiziellen Brief.

So bedankt man sich für einen Brief:
First let me thank you for your prompt reply to my postcard.
I greatly appreciated your letter. (Ich habe deinen Brief sehr geschätzt.)

Bedanke dich höflich bei deinem Briefpartner| deiner Briefpartnerin,	daß er|sie	dir sofort geschrieben hat. dir eine so schöne Karte aus dem Urlaub geschrieben hat.

So drückt man seine Freude über einen Brief aus:
I was pleased to read... (erfreut zu erfahren)
I was really pleased to hear...
It was a pleasure...
It gave me much pleasure to hear of your success at school.
I thoroughly [ˈθʌrəli] enjoyed your present
(Ich habe mich über das Geschenk sehr gefreut.)

Bringe in deiner Briefeinleitung deine Freude zum Ausdruck,	daß dein Briefpartner| deine Briefpartnerin	die Schulprüfung erfolgreich bestanden hat. schöne Urlaubstage in... verbringen konnte. dich im Sommer besuchen will. dir die neue LP von... geschickt hat.

Nach einer längeren Schreibpause kann man schreiben:
It was good to have a piece of news from you again.
I was very glad to receive a letter from you again.
It is a long time since I received a letter from you.
I have not heard from you since May...

Schreibe, daß du dich darüber gefreut hast,	nach ... Wochen nach ... Monaten nach so langer Zeit	wieder etwas von ihm | ihr gehört zu haben.

Du hast seit ... nichts mehr von deinem Briefpartner | deiner Briefpartnerin gehört.
Wie knüpfst du wieder an? Schreibe eine Einleitung!

Wenn du selbst lange Zeit nicht geschrieben oder auf einen Brief geantwortet hast, kannst du dich so entschuldigen:

I am really sorry about the delay in writing to you.
I am so sorry I did not write back, but ...
I wanted to write to you, but ...
Excuse me for not having written sooner, but ...
I want to apologize to you for not having written sooner, but ...
I must apologize for having kept you waiting for my reply, but ...
Unfortunately I could not write earlier, because ...

Drücke dein Bedauern darüber aus, Entschuldige dich,	daß du deinen Partner so lange auf eine Antwort warten ließest. daß sich die Antwort auf seinen | ihren Brief so verzögert hat. daß du nicht früher geschrieben hast.

Nenne Gründe! (z. B. Krankheit, Prüfungen usw.)

Wenn du bedauerliche Nachrichten übermitteln mußt, kannst du schreiben:

I regret to say ...
I heard with regret that ...
How unfortunate that ...
I am very sorry indeed to hear that ...
I am terribly sorry that ...

Schreibe, daß du bedauerst, daß	du in den nächsten Sommerferien nicht nach England kommen kannst, weil ... dein Briefpartner | deine Briefpartnerin die letzte Prüfung nicht bestanden hat. der Onkel deines Partners verstorben ist. dein Partner nicht mehr schreiben will. du leider das gewünschte Album nicht bekommen hast.

So kannst du dich bei deinem Briefpartner | deiner Briefpartnerin erkundigen:

How do you feel about Ragtime Music? (Wie stehst du zu . . . ?)
What was your trip to . . . like? (Wie war dein Ausflug zu . . . ?)
Do you go in for coin-collecting? (Sammelst du gerne Münzen?)

		Opern	
		Volksmusik	
Frage deinen Briefpartner |		Pop Musik	
deine Briefpartnerin,	wie er | sie zu	klassischer Musik	steht.
		Musicals	
		Operetten (operettas)	

	der Urlaub in . . .	
Frage ihn | sie, wie	die Fahrt zu . . .	war.

	Briefmarken	
	Münzen	
	Bierdeckel	
Frage ihn | sie, ob er | sie	Ansichtskarten	sammelt.
	Abzeichen (badges)	
	Puppen	
	usw.	

So kannst du deinem Briefpartner | deiner Briefpartnerin eine indirekte Frage stellen:

I wonder how things have been going with you.	Ich frage mich, wie es Dir inzwischen ergangen ist.
I wonder what you will do now.	Ich bin gespannt, was du jetzt tun wirst.
I wonder why you did not answer.	Ich möchte gerne wissen, warum Du nicht geantwortet hast.
What will happen next, I wonder.	Ich bin gespannt, was als nächstes kommt.

Du fragst dich, warum	dein Briefpartner |	nicht	geantwortet	hat.
	deine Briefpartnerin		geschrieben	

		nach . . . kommt.
Du bist gespannt, wann	dein Briefpartner |	einmal anruft.
	deine Briefpartnerin	deine Einladung beantwortet.

So kannst du deinen Briefpartner | deine Briefpartnerin um etwas bitten:
Would you be so kind as to get some posters for me?
(Würdest du bitte so freundlich sein und mir... Poster besorgen.)
Would you be kind enough to send me some picture postcards of your home town? (Würdest du bitte so freundlich sein und mir ... schicken.)

Ersuche deinen Briefpartner | deine Briefpartnerin höflich, dir	ein paar englische Schulabzeichen (badges) zu schicken.
	einen echten Schottenrock zu senden.
	ein amerikanisches T-Shirt mit „Wild-life"-Aufdruck zu kaufen.
	ein Foto von einem australischen Känguruh zu besorgen.
	im nächsten Brief ein paar japanische Sondermarken beizulegen.

Wenn du Neuigkeiten übermitteln willst, kannst du folgende Ausdrücke und Redewendungen verwenden:

I wanted you to know that I passed my driving-test last week.	Ich wollte dich wissen lassen, daß...
I am glad to be able to inform you that I found a job in a bank.	Es freut mich, Dir mitteilen zu können, daß...
You won't believe what happened last...	Du wirst nicht glauben, was letzte ... passierte.
I will try to inform you briefly of my latest activities.	Ich werde versuchen, Dir kurz zu berichten, was ich in letzter Zeit alles unternommen habe.
And now let me tell you my news.	Und nun laß mich erzählen, was es Neues gibt.
To put it (the matter) in a nutshell.	Um es kurz und bündig zu sagen.
To cut a long story short.	Um es kurz zu machen.

Du möchtest folgende Neuigkeiten übermitteln:
(Wie leitest du sie ein?)

○ Du hast gestern die Abschlußprüfung bestanden;
○ Du bist bei der Prüfung zum Motorradführerschein wieder durchgefallen;

○ Du hast im Urlaub einen

Tennis
Reit
Tiefseetauch
Segelflieger
Fallschirmspringer

kurs belegt.

○ Du hast 10000 DM im Lotto gewonnen; (beginne: Imagine...)
○ Deine ältere Schwester wird nächste Woche einen amerikanischen Soldaten heiraten;
○ Deine Verlobte (fiancée) hat dir eine Langspielplatte der Gruppe/des Sängers... geschenkt;
○ Dein Onkel ist letzte Woche im Alter von 88 Jahren verstorben.

So kannst du in deinen Briefen Glückwünsche übermitteln:

Congratulations on doing so well in your last examination.	Herzliche Glückwünsche zum guten Abschneiden bei deiner letzten Prüfung.
I heartily congratulate you on...	Ich gratuliere Dir herzlich zu...
Many happy returns of (... your birthday)	Alles Gute, herzliche Glückwünsche zum (... Geburtstag:)

Beglückwünsche deinen Briefpartner | deine Briefpartnerin	zur bestandenen	Abschluß Aufnahme Motorrad Führerschein	prüfung

So kannst du deinem Briefpartner | deiner Briefpartnerin eine Anerkennung aussprechen:

It was very kind of you to send me...	Es war sehr nett von Dir...
How kind of you to send me the T-shirt I had asked for.	Wie nett von Dir | wie freundlich..., mir das gewünschte T-Shirt zu schicken.
How nice of you to remember my sister's twelfth birthday.	Es war sehr nett von Dir, daß Du an den 12. Geburtstag meiner Schwester gedacht hast.

Bedanke dich lobend und anerkennend für geleistete Gefälligkeiten:

Dein Brieffreund
Deine Brieffreundin

- → hat dir einen wunderschönen Blumenstrauß zum Geburtstag geschickt.
- → hat an deinen 17. Geburtstag gedacht.
- → hat dir ein schönes Gedicht geschrieben.
- → hat dir
  - eine Landkarte von West-Australien
  - ein Fotoalbum
  - ein Taschenbuch
  - eine Cassette mit indischer Musik
  - einen Schmetterling

  geschickt.

So berichtest du über eine Krankheit:

I am fine, but my younger sister has not been feeling well for some days.	Mir geht es gut, aber meine jüngere Schwester fühlt sich seit einigen Tagen nicht sehr wohl.
Yesterday I had to go and see the dentist, because I had a terrible tooth-ache.	Gestern mußte ich zum Zahnarzt gehen, weil ich schreckliche Zahnschmerzen hatte.
I had caught a cold and was lying in bed with a flu.	Ich hatte mir eine Erkältung geholt und mußte mit Grippe im Bett liegen.
We had to consult our doctor.	Wir mußten unseren Arzt fragen.

Schreibe, daß du gestern nicht zur Schule gehen konntest, weil du

- erkältet warst.
- Fieber hattest.
- zum Zahnarzt gehen mußtest.
- im Krankenhaus warst.
- im Bett bleiben mußtest.

So berichtest du, daß es dir schon wieder besser geht:

I am feeling quite well again now.	Jetzt fühle ich mich schon wieder ganz wohl.

I am on the road to recovery.	Ich bin auf dem Weg der Besserung.
I have just come out of hospital. I had to be there for three weeks.	Ich wurde gerade aus dem Krankenhaus entlassen. Ich mußte drei Wochen dort bleiben.

Schreibe deinem Briefpartner | deiner Briefpartnerin, daß	du die Erkältung gut überstanden hast. es dir wieder besser geht. du auf dem Weg der Besserung bist.

So drückst du dein Bedauern über eine Krankheit, ein Leiden deines Brieffreundes | deiner Brieffreundin aus:

I deeply regret that you had to be in hospital for 3 months.	Ich bedauere zutiefst, daß Du drei Monate im Krankenhaus sein mußtest.
I regret that you had undergone an operation.	Ich bedauere, daß Du Dich einer Operation unterziehen mußtest.

Bedauere deinen Briefpartner | deine Briefpartnerin,	daß er | sie	sich wieder den Arm gebrochen hat. so lange im Krankenhaus liegen mußte. sich einer Operation unterziehen mußte. so oft zum Zahnarzt gehen muß.

So drückst du deine Hoffnung aus, daß es deinem Briefpartner | deiner Briefpartnerin (den Verwandten, Bekannten) wieder besser geht:

I really hope you are well again.	Ich hoffe, daß es Dir wieder besser geht.
I hope your uncle has got over his gastro-enteritis.	Ich hoffe, dein Onkel hat seine Magen-Darm-Grippe überwunden.
I hope your niece is slowly recovering from her illness.	Ich hoffe, Deine Nichte erholt sich langsam von ihrer Krankheit.
I don't doubt he will recover in the future.	Ich zweifle nicht, daß er sich bald erholt.

Übermittle deinem Briefpartner | deiner Briefpartnerin die Hoffnung, daß	es ihm | ihr wieder besser geht. er | sie sich gut von der schweren Krankheit erholt hat.

So wünschst du eine gute Besserung:

I wish your nephew a speedy recovery.	Ich wünsche Deinem Neffen eine rasche Genesung.

Wünsche deinem Briefpartner | deiner Briefpartnerin gute Besserung nach der langen Krankheit.

Deinen Brief kannst du schließen, indem du eine Erwartung, eine Hoffnung oder eine Bitte zum Ausdruck bringst:

I hope to hear from you shortly.	Ich hoffe, in Kürze von Dir zu hören.
I hope to hear from you before long.	... in Kürze ...
I am looking forward to hearing from you again.	Ich freue mich darauf, ...
I hope to have your reply as soon as possible.	Ich hoffe, so bald wie möglich eine Antwort von Dir zu erhalten.
I hope you will be able to send me the posters by the next post.	Ich hoffe, Du kannst mir die Poster mit der nächsten Post zuschicken.
Please keep me informed of how the whole matter develops.	Bitte halte mich darüber auf dem laufenden, wie sich die ganze Angelegenheit entwickelt.
Please keep writing letters.	Bitte schreibe weiterhin Briefe.
Please be kind enough to let me have an answer by return of post.	Bitte sei so freundlich und antworte postwendend.
What about dropping me a line?	Wie wäre es, wenn Du mir ein paar Zeilen schreiben würdest?
Could you answer this letter within (an interval of) two weeks, because I intend to travel to Sweden then.	Könntest Du bitte diesen Brief innerhalb von zwei Wochen beantworten, weil ich dann nach Schweden reise.
Could you write clearly, please, because I wasn't able to decipher some words in your last letter.	Könntest Du bitte leserlich schreiben, weil ich in Deinem letzten Brief einige Wörter nicht entziffern konnte.

<table>
<tr><td rowspan="7">Schreibe
deinem Briefpartner|
deiner Briefpartnerin
abschließend</td><td rowspan="7">daß du hoffst,</td><td>er|sie wird das nächste Mal sauberer schreiben, da du manche Wörter nicht entziffern konntest.</td></tr>
<tr><td>in Kürze wieder etwas von ihm|ihr zu hören.</td></tr>
<tr><td>daß er|sie dir möglichst bald die gewünschte Landkarte von Neuseeland zuschickt.</td></tr>
<tr><td>daß er|sie auch in Zukunft dein Briefpartner|deine Briefpartnerin sein wird.</td></tr>
<tr><td>er|sie wird in der Lage sein, dir Bilder von „Ayers Rock” in Australien möglichst in den nächsten 6 Wochen zu schicken.</td></tr>
<tr><td>er wird dich über alle Ereignisse (events) in der englischen Fabrik, in der dein Briefpartner arbeitet, auf dem laufenden halten.</td></tr>
<tr><td>daß er|sie dir und deiner Klasse ein paar Zeilen schreibt; bitte ihn|sie über folgende Dinge zu berichten:
1. Das amerikanische Schulsystem.
2. Die Punkte und Noten in den amerikanischen Schulen.
3. Die Freizeitmöglichkeiten in seiner Heimat|in ihrer Heimat.</td></tr>
</table>

F. Der Brief als Prüfungsaufgabe des Qualifizierenden Abschlusses 1988

Angaben zum Briefempfänger:

Phil Harding, dein englischer Brieffreund, ist ein Jahr älter als du. Ihr habt euch im letzten Sommer auf einem Campingplatz in Italien kennengelernt. In seinem letzten Brief hat er dir mitgeteilt, daß er seit zwei Wochen als Automechaniker in einer großen Werkstätte arbeitet.

Angaben zum Briefinhalt:

Du antwortest Phil und gehst dabei auf einige der folgenden Punkte ein:

- Bedanke dich für seinen Brief. Frage ihn, wie es ihm geht und ob ihm sein Beruf Spaß macht.
- Erkundige dich nach den Arbeitsbedingungen (z.B. Arbeitszeit, Bezahlung, Urlaub...).
- Begründe dein Interesse mit dem Hinweis, daß du am 1. August eine Lehre als... beginnst. Geh kurz auf die Gefühle ein, mit denen du diesem Tag entgegensiehst.
- Nun möchtest du von einem schönen Erlebnis berichten: Du hast in den letzten Ferien mit einigen Freunden eine Radtour unternommen.
- Erzähle Einzelheiten (z.B. Fahrtroute, Übernachtung, Pannen...) und berichte, was dir am besten/am wenigsten gefallen hat.
- Frage Phil, ob er auch schon so etwas unternommen hat.
- Drücke zum Schluß deine Absicht aus, in deinem nächsten Brief von deinem Start ins Berufsleben zu erzählen.

Lösungsvorschlag:

Dear Phil, June 24th, 1988

Thank you very much for your last letter. How are you and how are you enjoying your job? Please, tell me about your working-hours, your pay and your holidays. All that interests me, because I'm going to start an apprenticeship as a baker on August 1st. I'm looking forward to that day.

I want to tell you about a very nice cycling-tour. With some friends I went from Munich to Passau; we slept in tents. The best thing was a swim in a nice lake, but the punctures were bad. Have you ever been on such a tour?

Write soon and tell me all about your new job and then I'll tell you about my job in my next letter. Love, Peter

Musik – Kunsterziehung

Prögel Praxis 141

Hermann Handerer

Wechselspiel: Musik und Bewegung

Musik- und Bewegungserziehung für Jugendliche

208 Seiten mit 250 Abbildungen und Notationen
Snolin .... Best.-Nr. 98588-4

Musik und Bewegung sind ursprüngliche Äußerungen des Menschen und unmittelbarer Ausdruck seelisch-geistiger Inhalte. Ihre Kommunikation in der Musik- und Bewegungserziehung setzt voraus, daß der Jugendliche seinen Körper und dessen expressive Möglichkeiten bewußt erlebt. Die Selbstfindung unterstützt das Handbuch durch Hilfen zur Organgymnastik und zum meditativen Handeln. Der Grundlegung folgen 19 Musiken aus deutscher, europäischer und amerikanischer Folklore. Die Lernwege führen behutsam in Tonfolge und Rhythmus ein, motivieren zur Gestaltung und lassen tänzerische Formen finden. Das Handbuch, dessen Lernziele über längere Zeiträume reichen, verbindet bewährte Unterrichtsweisen mit neuen Einsichten. ***Die Kassette zum Handbuch*** *enthält Musiken zur Unterstützung der Bewegungsübungen und zur Vertiefung der Meditation sowie 19 Folklore-Melodien zu den Tanzbeschreibungen.*

Prögel Praxis 107

Mechtild Seinfeld / Heidelinde Zahn

Kunsterziehung in der Hauptschule

Unterrichtsmodelle zu den Themenkreisen Abenteuer, Umwelt, Landschaft, Kunsterfahrung

218 Seiten mit vielen sw-Abbildungen und 16 Farbtafeln
Ganzleinen .... Best.-Nr. 98467-5
Snolin .... Best.-Nr. 98466-7

Bildnerisches Gestalten in der Hauptschule setzt zwei notwendige Anreize voraus: motivierende Aufgaben und anregende Techniken. Dieser Absicht folgen die Verfasserinnen, wenn sie in 61 Unterrichtseinheiten altersentsprechende und aktuelle Themen anbieten, dafür erprobte Darstellungsweisen empfehlen und in knapper Form den möglichen Verlauf der Gestaltungsprozesse zeigen. Rahmenartikel führen in die Handhabung der Werkzeuge und in die Verwendung des Materials ein. Querverbindungen zu anderen Fächern, weiterführende Hilfen zur Werkbetrachtung, Angaben zu den von Lehrer und Schülern benötigten Unterrichtshilfen, Vorerwägungen und Erfahrungsberichte ergänzen die Modelle.

Oldenbourg